C.H.BECK WISSEN

in der Beck'schen Reihe

*Nächtlich am Busento lispeln, bei Cosenza, dumpfe Lieder;
aus den Wassern schallt es Antwort, und in Wirbeln klingt es wider!*

*Und den Fluß hinauf, hinunter ziehn die Schatten tapfrer Goten,
die den Alarich beweinen, ihres Volkes besten Toten.*

Nicht allein dank August Graf von Platen (1796–1835), der den Tod des Königs Alarich (410 n. Chr.) in seiner Ballade über *Das Grab im Busento* besungen hat, übt das mythen- und geheimnisumwitterte, aber auch geschichtsmächtige Volk der Goten seine Faszination auf uns aus. Die Goten und ihre Geschichte verdienen aus vielerlei Gründen unser Interesse – sind sie es doch nicht zuletzt, unter deren Bewegungen in der Völkerwanderungszeit das römische Westreich zu wanken beginnt, ehe es 476 n. Chr. zusammenbricht und damit eine ganze Ära zu Ende geht. Aber die Goten stehen nicht als Synonym für Verwüstung und Untergang; sie selbst bringen Reiche hervor, deren letztes erst im 8. Jahrhundert n. Chr. erlischt, und sie bringen Persönlichkeiten wie Wulfila, Theoderich und Totila hervor, deren Wirken von einem weitreichenden politischen und religiösen Gestaltungswillen geprägt ist. In dem vorliegenden Band wird die Geschichte dieses Volkes ebenso knapp und informativ wie anschaulich und anregend erzählt.

Herwig Wolfram ist emeritierter Professor für Mittelalterliche Geschichte und war Direktor des Instituts für österreichische Geschichtsforschung an der Universität Wien. Er hat zahlreiche Bücher und Aufsätze zur Geschichte der frühen Völker und des Mittelalters vorgelegt und gibt im Verlag C. H. Beck die Buchreihe „Frühe Völker" heraus. Im Verlag C. H. Beck sind derzeit folgende seiner Titel lieferbar: *Die Goten* (^{4}2001); *Die Germanen* (^{8}2005); *Konrad II.* (2000); *Gotische Studien* (2005).

Herwig Wolfram

DIE GOTEN
UND IHRE GESCHICHTE

Verlag C. H. Beck

Mit einer Karte

Das Umschlagbild zeigt einen Germanenkopf, der mit drei gleichartigen Köpfen einen Bronzekessel ziert, der in Czarnowko bei Lebork, Ostpommern, gefunden wurde und der Wielbark-Kultur zugeordnet wird. Es handelt sich bei dem Kessel um römische Importware; ein Gegenstück dazu wurde in Mušov (Muschau), Südmähren, gefunden. Der Autor, Herwig Wolfram, und der Verlag C. H. Beck danken der Ausgräberin Dorota Rudnicka und der Vermittlerin Magdalena Macyńska für die Möglichkeit, das bislang noch nicht veröffentlichte Stück hier erstmals abbilden zu dürfen.

Die erste Auflage dieses Buches erschien 2001.

2., durchgesehene Auflage. 2005
Originalausgabe
© Verlag C. H. Beck oHG, München 2001
Gesamtherstellung: Druckerei C. H. Beck, Nördlingen
Umschlagentwurf: Uwe Göbel, München
Printed in Germany
ISBN 3 406 44779 1

www.beck.de

Inhalt

Vorwort 7

Einleitung 9
Gotisches in aller Welt 9

Herkunft und Herkunftsgeschichte 14
Die Bedeutung des Gotennamens................ 19
Goten vor ihrer Entstehung.................... 21
Die Gutonen in Südosteuropa 22
Das archäologische Material 23
Vor-ethnographische Daten der Herkunftsgeschichte... 24
Die Bedeutung der skandinavischen Herkunft........ 30

Die Goten und das Reich im 3. und 4. Jahrhundert 32
Die Goten greifen auf dem Lande und zu Wasser an:
238–271 32
Die Namen der beiden Gotenvölker 34
Konstantin der Große (306/324–337)
und die Terwingen 36
Gesellschaft und Verfassung der Terwingen 37
Sabas Dorf................................. 39
Kult und Religion der Terwingen und Greutungen 40
Heer und Polyethnie......................... 41
Das tägliche Leben 42
Bischof Wulfila (um 311–383)
und die Anfänge des gotischen Christentums........ 43
Der Hunnensturm
und der Beginn der gotischen Wanderungen 47
Einbruch und Ansiedlung der Goten in Thrakien 49
Die Gotenverträge von 380/82.................. 52
König Alarich I. (391/95–410)................... 54
Die hunnischen Goten (376–454/55) 58

Das Tolosanische Reich (418–507) 62
Von Rom nach Toulouse. 62
Theoderid (418–451) und Thorismund (451–453) 63
Theoderich (II.) (453–466) 66
Eurich (466–484) und Alarich II. (484–507). 66
Pionierleistung und gescheiterter Ausgleich. 70

Theoderich der Große (451–526). 73
Kindheit und Jugend. 73
Mit und gegen das Reich. 77
Origo et religio – Herkunft und Religion 80
Ausschaltung der nichtrömischen Konkurrenz. 83
Persönlichkeit. 85
Heirats- und Bündnispolitik zum Schutz Italiens 86
Theoderichs Ende. 88

Der Untergang des italischen Ostgotenreichs (526/35–552/55) 90
Vitigis (536–540) 94
Totila (541–552) 98
Das Nachspiel: Teja (552). 100

Das spanische Reich der Westgoten (507/68–711/25) . . 101
Eine sechzigjährige Krise (507–568). 101
Die Entstehung des Toledanischen Reiches:
Leovigild (568/69–586) und Reccared I. (573/86–601) . 104
Das Reich von Toledo (603–710): Ein Überblick. 112
Das Ende des Reichs (711–725) 115

Literatur- und Quellenverzeichnis 119

Abkürzungsverzeichnis 122

Personenregister 123

Vorwort

Dem Verfasser einer 600-seitigen Geschichte der Goten fällt es nicht leicht, das Thema nochmals aufzugreifen und dem Umfang der Reihe „C.H.Beck Wissen" anzupassen. Welche Formulierungen dürfen übernommen, nach welchen Kriterien soll ausgewählt, gekürzt, aber auch der neueste Forschungsstand berücksichtigt werden? Letzteres fiel noch am leichtesten, weil nicht viel zu berücksichtigen war. Die Übernahme bereits veröffentlichter Formulierungen bereitete dagegen größeres Kopfzerbrechen: Zum einen besitzt ein guter Satz eine starke Suggestivkraft; ist er einmal gefunden, kann man sich nur schwer von ihm trennen und sieht nicht ein, warum er bloß der Abwechslung wegen durch einen anderen, womöglich weniger guten ersetzt werden sollte. Zum andern gehört es sich nicht, sich selbst zu zitieren, und zwar nicht bloß aus Gründen der Schicklichkeit, sondern weil es Leser und Autor langweilt. Allerdings drückt die Titelgebung ohnehin eine neue Fragestellung aus: Der Akzent verschob sich von einer Geschichte der Goten zu den Goten und ihrer Geschichte. Oder mit anderen Worten, die historische Darstellung der gotischen Geschichte wurde mit der Untersuchung der Auffassung verbunden, die die Goten und ihre Zeitgenossen von ihrer Geschichte hatten.

Bezüglich der Auswahl wurde an die Bedürfnisse einer wichtigen Zielgruppe gedacht und daher gefragt: Was könnte man dem Studienanfänger in einer zweistündigen Semestervorlesung als Arbeitsunterlage oder dem interessierten Laien insgesamt zumuten? Die Antwort ist, „Die Goten und ihre Geschichte" sollten eine Parallelaktion zum Band „Die Germanen" werden. Der Hinweis auf diesen vom Publikum positiv aufgenommenen Band ist auch aus inhaltlichen Gründen notwendig: Hier wurden bereits allgemeine Fragen behandelt, die ebenfalls auf die Goten als eines der germanischen Völker zutrafen. Die entsprechenden Abschnitte der „Germanen" dürfen daher vorausgesetzt werden. Daher kann sich der vorliegende Band auf die Darstellung des Besonderen der Goten und ihrer Geschichte konzentrieren. Dieses Besondere kann nicht zuletzt daran gemessen werden, daß die gotischen zwar nicht die dauerhaftesten, aber die spektakulärsten aller germanischen Reichsgründungen auf römischem Boden waren.

Kurze Quellenzitate sind anregend und hilfreich; das haben Rezensenten bereits an den „Germanen" hervorgehoben. Es gibt eine Reihe guter Quellensammlungen, die man verwenden kann, will oder muß, um sich den Weg zu den einzelnen Quelleneditionen zu ersparen. Ein sehr übersichtliches und bequem zugängliches Hilfsmittel bietet das vierbändige Werk *Prosopography of the Later Roman Empire* (PLRE), das die Überlieferung nach personengeschichtlichen Kriterien ordnet. Wo diese sinnvoll anzuwenden sind, wird das PLRE als Stellensammlung zitiert.

Besonderen Dank schuldet der Autor Frau Sonja Rieder, ohne deren Hilfe dieses Büchlein nicht geschrieben worden, sowie Detlef Felken und Stefan von der Lahr, ohne deren Aufforderung es nicht entstanden wäre.

Wien, im Winter 2001　　　　　　　　　　　　*Herwig Wolfram*

Einleitung

Gotisches in aller Welt

Gleichgültig, ob diesseits oder jenseits des Atlantiks, wer sich auf die europäische Vergangenheit und Kultur beruft, dem kommt binnen kurzem Gotisches in die Quere. Ob es nun die Goten und ihre Geschichte selber sind, ob der Goten-Name als Ehrentitel oder – gleich dem Vandalismus – als Schimpfwort gilt, ob die Gotik als geschmacklos-chaotisches Kunstwollen angeprangert oder als gottbegnadetes „Bauen mit Licht" verherrlicht wird, das Gotische zwingt in Vergangenheit wie Gegenwart zu extremen Stellungnahmen, von totaler Ablehnung bis hin zur Identifikation. Die heidnischen Caesaren verfolgten die Christen, deren Martyrium am Beginn des 4. Jahrhunderts zugleich Höhepunkt und Ende fand. Aber der erste, der nach der diokletianischen Schreckenszeit wieder Christen verfolgte, war der Gotenfürst Athanarich. Kein Wunder, daß man die Goten in Gog und Magog, den apokalyptischen Völkern der Bibel, wiederfand, daß man von ihnen die Ablösung des Imperium Romanum durch ein Imperium Gothicum erwartete, daß man Treulosigkeit und Gottlosigkeit, aber auch religiöse Indifferenz und intellektuelle Beschränktheit als gotisch verstand.

Das Heidentum der Goten bildete für die römisch-christliche Zivilisation freilich das kleinere Übel; schlimmer war den meisten ihr arianischer Irrglaube, die Lehre von der Subordination, der Unterordnung Christi unter Gottvater. Die Goten bekannten den Vater als ewigen Gott, dem der Sohn als gezeugter und geschaffener Gott in allem untertan sei, wie der Heilige Geist dem Sohn nicht als Gott, sondern als dessen göttliche Kraft gehorche. Daß die Goten in der Mitte des 4. Jahrhunderts diese Form des Christentums annahmen, weil die römischen Kaiser damals selbst den Arianismus bekannten, hat man den neubekehrten Barbaren nur selten zugute gehalten (*Getica* 131 f. nach Orosius, *Adversus paganos* VII

33, 19). Darum wurde es auch nicht bedankt, daß der Goten-Bischof Wulfila mit seinen Helfern um die Mitte des 4. Jahrhunderts die Bibel ins Gotische übertrug und mit Abstand der erste war, der beispielhaft für die Zukunft eine barbarische Sprache Alteuropas verschriftlichte (vgl. *Getica* 267 mit Sokrates IV 33).

Allerdings haben nicht alle die Verurteilung des Gotischen bedingungslos vollzogen; gerade die besten Köpfe der christlichen Spätantike entwarfen ein differenzierteres Bild: Der heilige Hieronymus lehnte die Gleichsetzung der Goten mit einem biblischen Volk der Endzeit ab. Der heilige Augustinus, der die Einnahme Roms durch die Goten im Jahre 410 bedenken und verarbeiten mußte, fand trotz allem Hoffnung im Christentum der Goten: Wichtiger sei, daß sie Christus im eroberten Rom verehrten, als daß die römischen Heiden in einer unversehrten Ewigen Stadt zu ihren Götzen beteten.

Bei allen Diskussionen um den Sinn der gotischen Präsenz im Römerreich blieb unverändert aktuell die Frage nach ihrer wie allgemein nach der Herkunft der Völker. Man war überzeugt, daß der Ursprung, die *origo* oder „Etymologie", Auskunft über das Wesen einer Sache oder Person und daher auch eines Volkes gebe. Für Fragen einer derartigen „Etymologie" – der Begriff des vorwissenschaftlichen Verständnisses soll unter Anführungszeichen stehen – gab es die antike Tradition und die Bibel, insbesondere das Alte Testament. Die Genesis hielt mit der Neubegründung des Menschengeschlechts durch Noah und seine Söhne passende Antworten bereit, die auch für die Goten galten. Gleichzeitig war – vielleicht schon um die Mitte des 5. Jahrhunderts – die Geschichte von den gotischen Ursprüngen auf der Insel Skandia/Skandinavien verschriftlicht worden. Brachte man beide Überlieferungen auf einen Nenner und bemühte des Gleichklangs willen die „Etymologie", entstand folgendes Konstrukt: Das nachsintflutliche Menschengeschlecht stammte von Noah und seinen drei Söhnen, deren jüngster Japhet hieß. Dieser hatte einen Sohn Gomer, der wiederum drei Söhne zeugte, deren ältester den Namen Askenez trug. Da Genesis 10, 3, nichts von des letzteren Nachkommen berichtete, war Platz für „etymologische" Spekulationen. Man verband Askenez mit Skandia, so daß ein unbekannter Autor vom Beginn des 6. Jahrhunderts zu Gomer hinzufügen konnte: *Ascanaci gentes Goticae*, „die Nachkommen des Askenez sind die gotischen Völker" (Eusebius, *Chronica*, ed. Schöne, Appendices S. 47). So wurden die Goten – modern gesprochen – zu Askenasim gemacht. Noch heute ist Aschkenas der hebräische Name für das Nordland, das Deutschland heißt.

Der Meister der „Etymologie" war Bischof Isidor von Sevilla. Er griff um 600 den Gedanken früherer Autoren auf, entledigte ihn endgültig seiner negativen Bedeutung und führte die Goten Spaniens stolz auf Gog und Magog zurück. Obwohl oder weil er selbst ein katholischer Römer und Bischof war, feierte er die Goten als Befreier Spaniens vom römischen Joch (Isidor, *Origo Gothorum* 1 f. und 66, sowie *Additamentum* 1 und ders., *Etymologiae* IX 2, 27; 62 f.; 89 f. XIV 3, 31, und 4, 3).

Die widersprüchlichen Vorstellungen, die sich die Spätantike von den Goten machte, verkörperte der bedeutendste gotische König, Theoderich der Große (471–526). Einmal nahm er die Gestalt Konstantins des Großen an, ein andermal wurde er in einen Vulkan gestürzt oder war als Wilder Jäger dem Teufel verfallen oder gar dieser selbst. Noch Karl der Große und sein Sohn Ludwig der Fromme waren zutiefst darüber uneins, ob Theoderich ein Vorbild oder ein dämonischer Ketzer sei. Während Kaiser Karl eine Statue des Heldenkönigs von Ravenna nach Aachen bringen und dort aufstellen ließ, hatte Ludwig der Fromme nach des Vaters Tod nichts Eiligeres zu tun, als das Denkmal zu zerstören (Walahfrid Strabo, *De imagine Tetrici*. MGH Poetae Latini 2, 370–378). Und dennoch konnte auch er nicht verhindern, daß die Sage jenen Theoderich als „guten" Dietrich von Bern in Erinnerung behielt.

Sympathie wie Antipathie gegenüber allem Gotischen setzten sich auch in den folgenden Jahrhunderten fort. Sie nahmen dabei ebenso groteske wie aufschlußreiche Formen an:

Am Beginn des Konzils zu Basel 1431 stritten Österreicher und Schweden als Nachkommen der Goten um den Vorrang. Kaum hundert Jahre später suchte der Hofhistoriograph Kaiser Ferdinands I. (1503–64), Wolfgang Lazius, zu beweisen, daß die gotische Wanderung die Gebiete vom Schwarzen Meer bis Cádiz zu einem Großreich gemacht habe, so daß „diese Lande mit Recht unter der Hausmacht der Habsburger aufs neue vereinigt seien". Im 17. Jahrhundert hat dagegen ein schwedischer Gelehrter die platonischen Atlantiden zu Goten gemacht und ihre Akropolis mit Alt-Uppsala identifiziert. Als Jan Sobieski, König von Polen und 1683 Oberbefehlshaber des siegreichen Entsatzheeres, Wien vor den Türken rettete, wurde er als gotischer Mars verherrlicht. Die Gleichsetzung slawischer Völker mit germanischen Stämmen hatte damals schon eine lange Tradition, fand aber noch im 20. Jahrhundert ein übles Nachspiel, als sich die Angehörigen der kroatischen Ustascha als Goten verstanden.

Allerdings verkündete man im Jahre 1843 auch die gotische Herkunft der Engländer, der Pilgerväter wie der amerikanischen Freiheitshelden. Um diese Zeit erschienen Bücher mit den Titeln *The Goths in New England* oder *Die gotische Renaissance*, gemeint war in Nordamerika. Das alles waren freilich vergleichsweise harmlose Spinnereien, deren Gefährlichkeit nur dort und dann ins Unermeßliche steigen konnte, wenn sich totalitäre Ideologien ihrer annahmen. So haben die Nationalsozialisten aus dem polnischen Hafen Gdingen die Stadt Gotenhafen im Reichsgau Danzig-Westpreußen gemacht und nach dem Überfall auf Rußland überlegt, wie die Krim als einstiges Gotenland deutsch besiedelt werden könne und ob Simferopol in Gotenburg und Sevastopol in Theoderichshafen umbenannt werden sollten. Aber auch diese Verirrungen waren nicht aus der Luft gegriffen, sondern hatten in all ihrer geschichtslosen Menschenverachtung Vorstufen im spanischen Gotizismus, der schon in der frühen Neuzeit die Reinheit des Blutes der Godos, der unvermischten gotischen Spanier, gegenüber Juden und Moslems in einer Weise forderte, die an die Nürnberger Rassengesetze erinnert.

Aber selbst die ehrenvoll gedachte Selbstaussage *godo* kann in eine negative Fremdbezeichnung umschlagen. Heute noch findet man auf den kanarischen Inseln das unfreundliche Graffito *fuera godos*, „Goten raus", womit die Festlandspanier gemeint sind.

Herkunft und Herkunftsgeschichte

Die beliebte Frage nach der Herkunft oder Urheimat der Völker ist mit Hilfe herkömmlicher historischer Fragestellungen nicht zu beantworten, weil für die antiken Ethnographen ein Volk erst existierte, wenn es in den Gesichtskreis der zivilisierten Welt getreten war. Dazu kommt, daß die Autoren die ihnen zugänglichen Informationen heranzogen, ohne nach Zeit und Ort zu differenzieren oder viel nach Veränderungen zu fragen. Selbstverständlich gab es Ausnahmen wie den römischen Geschichtsschreiber Tacitus, der den Aufstieg und Niedergang der Cherusker sehr wohl registrierte (*Germania* c. 36). Aber für gewöhnlich arbeiteten die Autoren „ungeschichtlich", indem sie den Zeitfaktor mißachteten und die Objekte ihrer Darstellung als unveränderliche, eben geschichtslose Barbaren behandelten.

Als die Goten im Jahre 238 urplötzlich auftraten, als wären sie wie weiland Pallas Athene gewappnet dem Haupt des Zeus entsprungen, verstand man sie als Skythen (Dexippos frag. 20 [14]). Das heißt, man gab ihnen den Namen eines längst untergegangenen Reitervolkes der eurasischen Steppen. Unter diesem Namen überschritten barbarische Heerhaufen, die andere Quellen als Goten bezeichneten, die unterste Donau und fielen auf römisches Reichsgebiet ein. Ab 238 kann man daher mit Fug und Recht von Goten und ihrer Geschichte sprechen.

Der osteuropäischen Herkunft der Goten steht aber eine gotische Herkunftsgeschichte gegenüber, die viel weiter als 238 zurückreichen und in Skandinavien, ungefähr im Jahre 1490 vor Christus (*Getica* 25, 94f. und 313) beginnen will. Das heißt noch vor dem Trojanischen Krieg, von dem die Römer ihrerseits die Herkunft herleiteten. Die Herkunftsgeschichte verfaßte Cassiodorus Senator, der „Minister" Theoderichs des Großen in Ravenna. Die Schrift entstand auf Wunsch des Königs, wurde aber erst 533 nach dessen Tod fertig und vom Autor um die Jahrhundertmitte in Konstantinopel überarbeitet. Hier redigierte das Werk der romanisierte und katholische Gote Jordanes als des Senators *Origo actusque Getarum* (kurz: *Getica*). Er brachte es in eine Form, die erhalten blieb, weil sie die historische Entwicklung von 550 berücksichtigte, während die umfangreichere Vorlage ihre Aktualität verloren hatte und daher verloren ging (*Getica* 1 ff.).

Jordanes änderte aber nichts an Cassiodors Entwurf, der einen genetischen Zusammenhang zwischen den Goten von 238 und einem ebenfalls als Goten bezeichnetem Volk herstellte, das unter König Berig die „Insel Skandia", Skandinavien, in drei Schiffen verließ, an der heute pommersch-westpreußischen Küste landete und von dort nach etwa fünf Generationen in den ukrainischen Raum zog (*Getica* 25–28; vgl. 9 und 16 ff. sowie Ptolemaios II 11, 33–35). Hier nahm sich ihrer die kunstreiche Dame „Etymologie" an und machte aus ihnen – des angeblichen Gleichklangs willen – die Geten. Von diesem, der Antike seit langem vertrauten Balkanvolk war es nicht weit zu dessen dakischen und skythischen Nachbarn, deren Geschichte ebenfalls den Goten zugesprochen wurde. Schon die jüdische Geschichtsschreibung hatte die Endzeitvölker Gog und Magog bei den Skythen gefunden, ein Wissen, das nun auf die Goten übertragen wurde, wobei die ursprünglich pejorative Bedeutung verloren ging (*Getica* 29). Mit der Verschriftlichung ihrer Herkunft erhielten die Goten eine neue Identität, eine den antiken Völkern vergleichbare Geschichte (*Getica* 40 und 69). Cassiodor folgte dabei den ethnographischen Methoden und Stilmitteln, deren sich um 100 nach Christus schon Tacitus bedient hatte, um die grundsätzlich andere barbarische Welt der Germanen zu beschreiben. Cassiodor kannte das große Vorbild und wandte seine und andere traditionelle Einsichten in vielfach erweiterter Form auf die Goten an. Das heißt, die fremden Lebensformen, Begriffe und Institutionen wurden mit den Erscheinungen der mediterranen Welt erklärt und ihnen gleichgesetzt, eine Vorgangsweise, die Tacitus *interpretatio Romana* nannte (*Germania* c. 43, 3). Nur dort, wo dies nicht möglich war, blieben fremde Namen und Ausdrücke mehr oder weniger latinisiert stehen.

In diesem Sinne machte Cassiodor die skythischen Amazonen zu gotischen Kriegerinnen, die es mit Herkules aufnahmen, der bei ihnen pflichtschuldigst einen seiner zahlreichen Söhne zeugte und ihn als Gotenkönig zurückließ, die sich aber auch mit dem athenischen Sagenkönig Theseus messen konnten. Selbstverständlich eroberten die Gotinnen beinahe Troja, erbauten jedenfalls den Dianatempel von Ephesus und herrschten an die hundert Jahre über Asien (*Getica* 49 ff.). Ihrer männlichen Taten wegen mißachtete der Verfasser sogar die Grammatik und teilte den Amazonen maskulines Geschlecht zu (*Getica* 51, vgl. S. 189).

Die männlichen Goten ließen sich ebensowenig lumpen, kämpften siegreich mit Ägyptern und Persern, worauf die Makedonen ihre Freundschaft suchten und Philipp, der Vater Alexander des Großen, die Tochter des Gotenkönigs Gudila heiratete. Der berühmte Dakerkönig Burebista wurde ebenso zum Gotenkönig wie der Gete Dekaineos (*Getica* 39 ff. und 58 ff.). Unter beiden begannen die gotisch-römischen Beziehungen. Ein Sieg über die Römer zur Zeit Kaiser Domitians (81–96) – selbstverständlich der getischen Historia entnommen – motivierte die *origo Amalorum*, den Beginn der Amaler, des höchstrangigen gotischen Königsgeschlechts (*Getica* 78 ff.).

Es ist dem Leser nicht zu verübeln, wenn er eine derart krause Geschichtsklitterung als Unsinn abtut. Davon werden ihn auch Hinweise auf einen gotischen Geschichtsschreiber Ablabius (*Getica* 28, 82 und 117) nicht abbringen. Wenn es diesen je gegeben hat, ist er bis heute ein großer Unbekannter geblieben, obwohl er die mündliche Überlieferung, auf die sich die Getica berufen, absichern soll (*Getica* 28). Welchen Stellenwert besitzt aber diese vor-ethnographische Tradition in der Herkunftsgeschichte? Sie hat verschiedene Namen, heißt *memoria* (Getica 25), vor allem ist sie eine *fabula*. Das Alte Testament verwendet das Wort, um den Spott der anderen Völker über das von Gott bestrafte Israel zu beschreiben (etwa 3 Reg 9, 7). In diesem Sinne kommt der Ausdruck auch in den Getica vor, wenn es um die Zurückweisung einer Altweibergeschichte geht, die die Goten herabsetzt (*Getica* 38). Schon der Apostel Paulus hatte vor solchen *aniles fabulae* gewarnt (I Tim 4, 7), und zwar ebenso wie vor der Freude an Stammbäumen, *genealogiae* (I Tim 1, 4). Trotzdem gibt es – und auch für diesen Wortgebrauch legen die Getica Zeugnis ab – eine ganz andere Auffassung von *fabula*. Sie unterscheidet sich von der die Wirklichkeit wiedergebenden *historia* und dem die Möglichkeit beschreibenden *argumentum* (Isidor, *Etymologiae* I 45). Eine Fabelgeschichte ist zwar *contra naturam*, erfunden und „gegen natürliche und vernünftige Erfahrung", hat aber eine tiefere Bedeutung. So finden die Getica in den gotischen Fabeln, *in ipsis fabulis*, den Nachweis von der halbgöttlich-heroischen Herkunft der Amaler, obwohl eine derart heidnische Vorstellung für einen Christen des 6. Jahrhunderts selbstverständlich *contra naturam* sein muß (vgl. *Getica* 79 und 199, mit *Variae* VIII 2, 1 ff.).

Die mündliche Überlieferung ist Teil der gotischen Herkunft, der Origo, die Cassiodor durch ihre Historisierung im dialektischen Sinne aufhebt: *Originem Gothicam historiam fecit esse Romanam.* „Er machte, daß die gotische Herkunftsgeschichte eine römische Historie ist" (*Variae* IX 25, 5). Daher müssen die Fabeln samt den „alten Liedern" und der Erinnerung verwissenschaftlicht und zur Historie erhöht werden. Das heißt, Cassiodor bindet die gotische Herkunft vornehmlich mit Hilfe der Getika, der Getengeschichte, des Griechen Dion Chrysostomos in die antike Ethnographie ein.

Allerdings war die Möglichkeit zur Historisierung der gotischen Herkunft bereits in ihr selbst angelegt. Ein Volk galt nämlich als um so zivilisierter, je länger es von Königen regiert wurde. Die Historie wird im Unterschied zu den zeitlosen Fabeln durch die Regierungszeit von Königen bestimmt. Daher ist es Cassiodor selbst, der seine gotische Herkunftsgeschichte „von einst bis heute durch die Generationen und Abfolge von Königen" ordnet (*Getica* 1) und Amalasuintha ein *tot reges quot parentes*, „so viele Könige wie Vorfahren," bescheinigt (*Variae* XI 1, 10). Und deshalb darf es in den Getica heißen, daß die gotischen „alten Lieder fast nach historischer Art," *prisca carmina pene storico ritu,* entstanden seien (*Getica* 28; vgl. *Germania* c. 2, 2).

Mögen die Getica als historische Quelle noch so verdächtig wirken, ihre Abfassung bedurfte einer enormen Gelehrsamkeit und reicher Kenntnisse schriftlicher Vorlagen wie auch des Wissens um mündliche Überlieferungen. Allein der dafür nötige Aufwand an Papyrus oder eher schon Pergament wäre nicht zu rechtfertigen gewesen, hätte es sich dabei bestenfalls um einen oberflächlichen Versuch gehandelt, ein römisch gebildetes Publikum zu unterhalten. Die zur römischen Historia gemachte Herkunftsgeschichte sollte den Goten in der antiken Welt ihr „uraltes" Heimatrecht bestätigen und ihre Herrschaft über Italien rechtfertigen (*Variae* VIII 2, 1 ff., und XI 1, 10, sowie 19 f.).

Cassiodor wandte sich zunächst an den Senat und erklärte der erlauchten Körperschaft sein Programm. Damit überbrückte der hochgebildete Römer in gotischen Diensten die Kluft, die zwischen dem Wir-Bewußtsein der römischen Elite und dem Anderssein der gotischen Fremden bestand. Wenn er aus den gotischen Ursprüngen eine römische Geschichte machte, setzte er an die Stelle einer zeitlosen, der Ewigen Wiederkehr ausgelieferten barbarischen Origo die durch die menschliche Zeit bestimmte Historie der zivilisierten christlichen Welt. Cassiodor machte aus den Goten zwar keine Römer, was auch nicht im Sinne seines königlichen Herrn gewesen wäre, aber er gab ihren schemenhaften Ursprüngen die eigene, weil schriftliche Geschichte.

Also Herkunft gegen Herkunftsgeschichte? Ist die eine historisches Quellenmaterial, die andere bestenfalls Stoff einer Mythengeschichte? Oder doch mehr? Nun, die Goten können nicht beim Überschreiten der Donau entstanden sein. Aber lassen sich aus der Herkunftsgeschichte auch funktionale Daten oder gar Geschichten für die Zeit vor 238 gewinnen? Dazu ist weiter zu fragen: Erstens, was bedeutet der Gotenname? Tritt er zweitens schon vor 238 entlang der von den Getica entworfenen Wanderroute auf? Gibt es daher drittens archäologische Zeugnisse für eine Kultur, die sich entlang jenes Weges verfolgen läßt? Enthält die Herkunftsgeschichte viertens, wenn schon nicht Geschichten, so doch vorethnographische Daten, das heißt, bis zu ihrer Niederschrift mündlich überliefertes Material? Warum wollten fünftens die Goten und nach ihnen auch andere Völker aus Skandinavien stammen?

Die Bedeutung des Gotennamens

Das volkssprachlich überlieferte Wort *Gút-thiuda*, wörtlich: das Gotenvolk, bezeichnete das heidnische Gotenland, wie es nördlich der untersten Donau während des 4. Jahrhunderts bestand (Streitberg 2, 472). Demnach lautete die ursprüngliche Namensform **Gutans*. Auch kennt die kaiserzeitliche Ethnographie sowohl kontinentale Gutonen wie skandinavische Guten, wozu in der Spätantike skandinavische Gauten kamen. Wahrscheinlich bestand zwischen Guten, Gauten und den heutigen Götar ein Zusammenhang; zweifellos gibt es bis heute die Insel Gotland. Hier erzählte man im Hochmittelalter, einst wurde wegen Übervölkerung das Los geworfen, worauf die dadurch bestimmten Leute die Insel verlassen mußten. Gleichsam als Gegenstück dazu wären pommersche Sagen zu erwähnen, wonach an der Küste der Vater dem Sohne weitergab, ihre Vorfahren seien einst auf drei Schiffen übers Meer gekommen. Das gleiche behauptet die gotische Herkunftsgeschichte, das gleiche aber auch Bedas Geschichte der Angelsachsen (vgl. *Getica* 25 und 94 f., mit Beda, *Historia ecclesiastica* I 15). Allen diesen Wandersagen fehlt jeder sichere Zeithorizont; sie können keine historischen „Wirklichkeiten" vermitteln.

Nicht die kunstreiche Dame „Etymologie", sondern die Etymologie, die wissenschaftliche Worterklärung, leitet Goten, Guten, Gutonen, Gauten, Götar alle von **gautaz* ab, das den „Ausgießer" meint. Die Geographen des 1. nachchristlichen Jahrhunderts kannten einen kontinentalen Fluß, der in die Ostsee mündete und den Namen *Guthalus*, Gutenfluß, trug (Plinius, *Naturalis Historia* IV 100. Solinus XX 2). Von der

Bedeutung wie der Wortbildung ist dieser Flußname identisch mit dem schwedischen Götaälv, Fluß der Götar, der durch ihr Land fließt und in Göteborg ins Meer mündet. Demnach könnten alle die, wie die Etymologen versichern, bedeutungsgleichen Volksnamen jeweils nach einem „Ausgießer", nach einem Fluß, auf dem Kontinent oder in Skandinavien, benannt worden sein. Dazu kommt, daß griechische wie lateinische Ethnographen die Gutonen östlich der Oder lokalisieren (bes. *Germania* c. 44, 1), in dem Raum, den der Guthalus durchflossen haben dürfte.

Guten, Gauten, Götar, Gutonen und Goten könnten aber auch selbst die „Ausgießer" im Sinne von „Samenergießer" oder einfach die „Männer" gewesen sein. Man hat zwar mit Recht gefragt, was die Goten diesbezüglich von den männlichen Angehörigen anderer Stämme unterschied. Aber die ethnozentrische Betrachtungsweise versucht stets allgemeine menschliche Eigenschaften als glorreiche Verhaltensmuster zu monopolisieren, den anderen abzusprechen oder ihre Fähigkeiten zu entstellen. Die anderen vergelten gleiches mit gleichem, indem sie das ethnische Selbstlob umdrehen und etwa aus den gotischen Männern die „Hengste" machen oder gar als deren Herkunftsgeschichte, *origo*, behaupten, das ganze Gotenvolk sei nur so viel wert wie ein einziger Gaul, ein einziger „Samenergießer" (*Getica* 38).

Aufgrund der Namengebung scheint ein genetischer Zusammenhang zwischen allen diesen Völkern bestanden zu haben, wie dies ja von der Herkunftsgeschichte an über die mittelalterliche Ethnographie bis hin zum heutigen schwedischen Wappen ganz selbstverständlich angenommen wird. So steht die zweite der drei schwedischen Königskronen für das *Regnum Gothicum*, für das Reich der Götar. Aber die Gleichheit der Namen ist kein sicherer Hinweis auf tatsächliche ethnische Gemeinsamkeiten. Benennungen nach Flußnamen, die im vorliegenden Fall nicht unwahrscheinlich sind, beruhen auf gleichen physischen, aber nicht notwendig geschichtlichen Voraussetzungen. Solche Namen können daher spontanparallel an verschiedenen Orten zu verschiedenen Zeiten entstehen. Auch ist nicht gesagt, daß sich der Gotenname und seine Verwandten von Norden nach Süden ausgebreitet haben. Es könnte auch umgekehrt gewesen sein.

Goten vor ihrer Entstehung

Auf die zweite Frage gibt es nur eine einzige Antwort: Wahrscheinlich waren die „germanischen" Gutonen die Vorläufer der „skythischen" Goten. Die Gutonen wurden von mehreren antiken Autoren zwischen Christi Geburt und der Mitte des 2. Jahrhunderts nicht nur dem Namen nach erwähnt, sondern auch zwischen Oder und Weichsel, also noch in der Germania, lokalisiert und als handelndes Subjekt beschrieben. Die Gutonen waren ein zeitweise abhängiges und noch um 150 n. Chr. kleines Volk, das Tacitus zu den germanischen Oststämmen zählte. Sie besaßen nach ihm und dem Älteren Plinius Beziehungen zu zwei gentilen Verbänden, zur lugisch-vandalischen Völkergruppe und zu den Markomannen im heutigen Böhmen und Mähren.

Die lugisch-vandalische Gruppe wird an und östlich der Oder lokalisiert und von den Archäologen der Przeworsk-Kultur gleichgesetzt. Sie war um Christi Geburt noch keltisch bestimmt, galt aber hundert Jahre später als germanisch. In der ersten Hälfte des 1. Jahrhunderts zählten die Gutonen zu den keltisch dominierten Lugiern. Nicht unmöglich, daß schon aus dieser Zeit eine sprachliche Eigenheit des Gotischen stammt, wodurch auch eine deutliche Verbindung zwischen Gutonen und Goten erwiesen würde: Die politischen und militärischen Begriffe der Wulfila-Bibel sind vorwiegend keltisch-gotische Isoglossen, das heißt Wörter, die unter allen germanischen Sprachen nur das Gotische aus dem Keltischen übernommen hat. Gemeinsam mit den Lugiern gerieten die Gutonen am Beginn des 1. Jahrhunderts unter markomannische Oberherrschaft, blieben jedoch am Rande des Einflußgebietes von König Marbod, da sich bei ihnen eine Opposition gegen sein Großreich bilden konnte. Vom gutonischen Stammesgebiet aus wurde der mächtige Markomannenfürst gestürzt.

An der Wende vom 1. zum 2. Jahrhundert lösten sich die Gutonen von den nun germanischen Vandalen und breiteten sich über die Weichsel nach Südosten aus. Am rechten Ufer des Flusses, bereits außerhalb der Germania, lokalisierte sie der griechische Geograph Ptolemaios um das Jahr 150. Die Gutonen hatten ein – für Germanen – sehr starkes Königtum. Dieses besaß die Fähigkeit, die Gutonen gefolgschaftlich wie als polyethnisches Volk zu organisieren, so daß sich den Gutonen an der Weichsel auch baltische Gruppen anschlossen (*Germania* c. 44, 1, *Annales* II 62, 2. Ptolemaios III 5, 8. *Getica* 26). Cassiodor hat unter ihnen die Aesten ausdrücklich erwähnt, ja sogar einen Gesandtschaftsbericht an sie verfaßt. In diesem zitiert er Tacitus, der von den Aesten spricht. Wenn aber Cassiodor dieses Volk aus der taciteischen Germania kannte, hat er dort auch von Gutonen und Rugiern gelesen, die im vorhergehenden Kapitel erwähnt werden, und hätte als einziger antiker Autor einen Zusammenhang zwischen Goten, Rugiern und Ulmirugiern wahrgenommen (*Getica* 36, *Variae* V 2, 2. *Germania* cc. 44 f.).

Die Gutonen in Südosteuropa

Nach der Mitte des 2. Jahrhunderts begann die gutonische Südostausbreitung, die freilich keineswegs singulär war: Sie hatte eine Vorläuferin in der Geschichte der Bastarnen, die fast vier Jahrhunderte früher an der Donaumündung erschienen, und sie hatte Nachahmer in denjenigen Erulern, die in der zweiten Hälfte des 3. Jahrhunderts am Schwarzen Meer auftraten.

Hatten die Gutonen bisher ihre Eigenständigkeit gegen germanisch-keltische Vorläufer und Konkurrenten behaupten müssen, begegneten sie in ihrer neuen Heimat finnischen, baltischen, iranisch-sarmatischen und venetischen Völkern. Letztere hat die Herkunftsgeschichte im Sinne des 6. Jahrhunderts bereits als Slawen aktualisiert (*Getica* 34). Die gutonische Ausbreitung von Nord-Polen über die Weichsel nach Südosten zum Schwarzen Meer löste eine so gewaltige Unruhe aus, daß die Alte Welt von den Markomannenstürmen heimgesucht wurde, bewirkte aber auch eine grundlegende Veränderung der Einwanderer: Aus ihnen wurden „Skythen", wie die Antike seit Herodot alle Steppenvölker wegen ihrer Lebensweise, Bewaffnung und Reiterkultur nannte. Aufgrund dieser Zuordnung unterschied man seither zwischen Germanen und Goten. Die Goten setzten die gutonischen Identität in der heutigen Ukraine keineswegs bruchlos fort, sondern waren selbst das Ergebnis einer neuen Stammesbildung aus unterschiedlichen Völkerschaften, unter denen die eingewanderten Gutonen nur ein, wenn auch das erfolgreichste Element darstellten.

Das archäologische Material

Die Archäologie ist keine Historie mit anderen Mitteln, sondern hat ihre eigenen Fragestellungen, auf die sie mit eigenen Methoden ihre eigenen Antworten zu finden sucht. Die Zeugnisse der Archäologie sind daher nur mit großer Behutsamkeit einer historischen Darstellung einzufügen. Die Archäologen sprechen von Kulturen, wo die Historiker Völkernamen nennen. Außerdem erregen große Entwürfe, zusammenfassende Deutungsversuche des Materials und ihre entsprechenden Darstellungen, wie in jeder Wissenschaft so auch in der Archäologie, den Widerspruch derjenigen, die dazu weder willens noch imstande sind. Befragt man aber einen geistesverwandten Fachvertreter der Nachbardisziplin, wie Volker Bierbrauer, ergibt sich folgendes Bild: Die um Christi Geburt erkennbare, nach dem masurischen Ort Willenberg-Wielbark benannte Kultur, erstreckte sich an der Ostseeküste von Pommern bis zur Passarge, einem Fluß in Ostpreußen. Sie weitete sich in einem langsamen Prozeß, der von der zweiten Hälfte des 2. bis weit ins 3. Jahrhundert dauerte, in den ukrainischen Raum aus: Masovien, Podlachien und das Gebiet um Brest bildeten die frühesten Expansionsräume. Damit verlagerte sich die ostpommersch-masurische Wielbark-Kultur in denjenigen Kulturkreis, der seit etwa hundert Jahren nach dem Dorfe Černjachov bei Kiev benannt wird. Die abwandernden

Träger der polnischen können daher keineswegs von heute auf morgen zu Begründern der ukrainischen Kultur geworden sein. Vielmehr fand eine allmähliche Ausbreitung mit schließlich endgültiger Schwerpunktverlagerung statt.

Will man die Ursprünge der Wielbark-Kultur in Skandinavien oder gar auf Gotland suchen, findet man bei den Archäologen heute wenig Gegenliebe. Für sie handelt es sich vielmehr um eine klar ausgeprägte, autochthone Kultur mit eindeutiger Tendenz zur Südosterweiterung. Am ehesten könnten sich manche Archäologen noch vorstellen, daß Träger der Wielbark-Kultur die Reise über die Ostsee nach Skandinavien, jedoch nicht von dort auf den Kontinent angetreten hätten. Jedenfalls findet sich im archäologischen Material ein „Leit-Fossil", das die Träger der Wielbark-Kultur mit der von Černjachov und schließlich noch mit der des rumänischen Sîntana-de-Mureş verbindet: Die toten Krieger wurden zumeist ohne Waffen ins Grab gelegt, was einen Jenseitsglauben voraussetzt, der sich von den religiösen Vorstellungen der benachbarten Völker und Kulturen klar unterschied.

Die antiken Geographen lokalisieren die Gutonen in demselben Raum, den die Archäologen für die Wielbark-Kultur beanspruchen. Der auffallende Bestattungsbrauch und das archäologische Material treten – in einer tolerierbaren Variationsbreite – auch in der Černjachov-Sîntana-de-Mureş-Kultur auf, die als gotisch gilt. Demnach besteht nach Ansicht der Archäologie zwischen Gutonen und Goten ein kultureller Zusammenhang, der auf die Abfolge verwandter Stammesbildungen schließen läßt.

Vor-ethnographische Daten der Herkunftsgeschichte

Die Herkunftsgeschichte beruft sich mehrfach auf mündliche gotische Überlieferungen, bezeichnet sie aber als unvollständig, so daß sie der Autor durch ethnographische Werke ergänzen, ja aufheben muß (*Getica* 40). Selbst den ältesten Goten, läßt Cassiodor seinen jungen König Athalarich sagen, war die ethnographische Vergangenheit ihres Volkes – wir würden sagen: selbstverständlich – nicht bekannt (*Variae* IX 25, 4). Allerdings streute der Autor in seine ethnographische Darstellung traditionell Wörter ein, die aus der vor-ethnographischen, mündlichen Überlieferung stammen, wenn sie – im Sinne der *interpretatio Romana* – nicht zu „übersetzen" waren. Es sind dies Begriffe und Namen von Personen und Örtlichkeiten, die auch kaum erst um 500 auf römischem Reichsboden entstehen konnten, weil für ihre Bildung das antike geographische Wissen gefehlt hätte und die sprachlichen Fähigkeiten bereits verloren gegangen waren.

Aus der vor-ethnographischen Sprachschicht stammen Namen wie *Gothiscandza*: gotisches Skandia oder Gotenküste, *Oium*: Dativ plural für „in den fruchtbaren Auen" oder „auf einer fruchtbaren Insel" (*Getica* 25–27), daher *Geped-oios*: „Insel der Gepiden," lokalisiert in der Weichselmündung (*Getica* 96); dann der gotisch-gepidische Grenzfluß *Auha*, „Ache" (*Getica* 99). Tacitus nannte die Gutonen im Zusammenhang mit den Rugiern (*Germania* c. 44). Das gleiche tut Cassiodor, aber er kann sein Wissen nicht allein aus Tacitus, sondern muß, wie der Name „Ulme-(Insel)-Rugier" in den Getica lehrt, auch aus einer mündlichen gotischen Überlieferung geschöpft haben (*Getica* 26). Das gleiche gilt für den Namen der Amaler und ihre Bezeichnung als A(n)sen, eine Qualität, die die Herkunftsgeschichte als „halbgöttlich" preist (*Getica* 78 f.). Ebenso verhält es sich mit dem Stammbaum des Heldenkönigs Geberich (*Getica* 112 f.), mit der Herkunft vieler skandinavischer Völker, wovon noch zu reden sein wird, und mit der Liste der nichtgotischen Völker, die dem Reich Ermanarichs angehörten und deren Namen korrekte gotische Wortbildungen sind (*Getica* 116).

Wenn aber die vor-ethnographischen gotischen Namen eine verfassungsgeschichtliche Merkwürdigkeit oder gar eine Geschichte begründen sollen, bleiben die Namen zwar wie ein Insekt im Bernstein erhalten, ihr Zusammenhang wird dagegen in eine ethnographischen Darstellung übertragen: Der Ausdruck *belagines* bezeichnete wahrscheinlich das mündliche Gewohnheitsrecht der Goten. Cassiodor aber verwendete das

Wort ethnographisch, das heißt, um damit die schriftliche Gesetzgebung der Geten zu benennen und den Goten eine zivilisierte Rechtskultur zuzuschreiben (*Getica* 69). „In den fruchtbaren Auen", *Oium,* mußte der Wanderkönig Filimer gotische Hexen, *Haliurun(n)ae,* „Frauen, die mit dem Totenreich Zauber treiben", aus dem Stamm verjagen. Diese Geschichte wurde immer wieder von neuem erzählt und durch verschiedene Zeithorizonte erweitert. Nicht zuletzt hat die literarische Formgebung alttestamentarische Anleihen genommen. Aber, man mag es drehen und wenden, wie man will, das Wort *Haliurun(n)ae* sucht man in der Bibel vergeblich und es zählt auch weder zum Sprachschatz griechischer noch lateinischer Ethnographen, es ist vor-ethnographisches Gotisch (*Getica* 121 f.).

In ähnlicher Weise wurde auch der 17-gliedrige Stammbaum der Amaler komponiert. Cassiodor stellt ihn mitten in den Getenblock. Im Stile eines biblischen *liber generationis* (vgl. *Getica* 1) zählt der Autor die 16 Vorfahren des Theoderich-Enkels Athalarich auf und setzt diesen selbst auf den 17. Platz der Genealogie. Alle Erwähnten tragen gotische oder gotisierte Namen; es ist kein einziger antiker Namensträger darunter, obwohl es davon vor und nach der Genealogie nur so wimmelt. Man mag noch darüber streiten, ob nicht anstelle einer gotischen besser von einer amalischen Überlieferung zu sprechen wäre. Aber es kann kein Zweifel bestehen, daß das Namengut der Genealogie weder von Cassiodor noch von einem seiner mediterranen Zeitgenossen erfunden wurde (*Getica* 79–81). Ganz anders die formale Konstruktion. Daß 17 Generationen von Gotenkönigen ausgewählt wurden, ein Umstand, den Cassiodor an einem anderen Ort noch eigens betont (*Variae* IX 25, 5 f.), ist sein Werk, die Arbeit eines römischen Ethnographen, der mit dem gotischen Material auch richtiggehende genealogische Erfindungen bestritten haben dürfte.

Über die Zahl der Könige von Aeneas bis Romulus waren sich die antiken Autoren nie ganz einig. Aber die Zählung des Romulus als 17. König nach Aeneas, von dem die römischen

Julier ihre Herkunft ableiteten, steht erst in einer Handschrift, die in der Jugendzeit Cassiodors entstand. Er verwendete das jüngst adaptierte römische Beispiel als Kanon der Namenswahl. Romanisiert und daher für die römische Oberschicht annehmbar, wurde die Familie der Amaler als zweite *gens Iulia* dargestellt, was einmal mehr ihre Herrschaft über Goten und Italiker rechtfertigen sollte. Es gab aber auch Vorbilder aus dem Alten wie Neuen Testament, die den hohen Symbolwert der Zahl 17 wie den eines 17-gliedrigen Stammbaums hervorheben.

Der Amaler-Stammbaum selbst motiviert folgendes Ereignis: Nach einem Sieg über die Römer hätten die Goten das besondere Charisma ihrer Anführer erkannt, sie als *Ansis*, als „A(n)sen", akklamiert und zu verehren begonnen (*Getica* 78 ff.). Der Göttername *Ansis* bedeutete wahrscheinlich den Pfahl oder das Stück Holz, aus dem man Götterfiguren schnitzte, wie sie bei den heidnischen Goten tatsächlich vorkamen. Die amalischen Ansis sind daher der Herkunftsgeschichte nach „keineswegs rein menschlichen" Ursprungs.

Außerhalb der Herkunftsgeschichte überliefert Cassiodor einen 10-gliedrigen Stammbaum, der mit Amal beginnt (*Variae* XI 1, 10 ff.). Die 17-Generationen-Genealogie der Amaler eröffnet jedoch nicht Amal, sondern Gaut, der skandinavische Kriegergott und Stammvater vieler Völker. Von ihm leiten die skandinavischen Gauten ihren Namen her. Gaut war aber nicht bloß im Norden geblieben, sondern hatte zunächst auf dem Kontinent und dann in Britannien Bedeutung erlangt. Gaut ist älter als Odin, der sich in skandinavischen Quellen seines „früheren" Namens Gautr rühmt. Odin kann erst zum skandinavischen Gautengott geworden sein und die Herrschaft an der Spitze der Asen übernommen haben, nachdem die a(n)sischen Amaler ihre genealogische Tradition auf dem Kontinent entwickelt hatten. In der Sprache des Mythos heißt das, nachdem die Amaler ihr „Skandinavien" verlassen hatten.

Nach Gaut nennt der Amaler-Stammbaum dessen Sohn Humli; sein Name könnte mit dem Spitzenahnen der Dänen und Angeln identisch sein. Auch keltische Bezüge sind erkennbar. Erst das vierte Glied des Stammbaumes besetzt Amal, „von dem das Geschlecht der Amaler stammt". Der Name gehört in eine Zeit, da die Amaler sich offenkundig noch nicht den südrussischen Goten angeschlossen hatten. Amals Sohn ist nämlich Hisarna, „der Eiserne"; er dürfte die einstige Abhängigkeit der Goten von den Kelten widerspiegeln. Auf die lange keltische Epoche des „Eisernen" folgte sein Sohn Ostrogotha. Die Herkunftsgeschichte kennt ihn als Heros eponymos, als namengebenden Stifter, der Ostrogothen. Mit Ostrogotha dürften sich historische Ereignisse verbinden lassen, die sich um 290 zutrugen. Möglicherweise sprechen sie davon, daß bei den östlichen der in zwei Völker gespaltenen Goten eine neue Königssippe die Herrschaft übernommen hat.

Ostrogotha ist der Vater von Hunuil, „der unverwundbar gegen Magie ist". Dessen Sohn ist Athala, der „Edle"; sein ältester Enkel heißt Ansila, „kleiner Anse"; ein Name, der die ansische Tradition der Königsfamilie widerspiegelt. Ansila ist der älteste Bruder des großen Königs Ermanarich. Nach der Herkunftsgeschichte beherrschte der Ostrogothenkönig Ermanarich um die Mitte des 4. Jahrhunderts viele Jahrzehnte lang ein Reich, das sich vom Schwarzen Meer bis zum Ural und zur Ostsee erstreckte (*Getica* 116ff.). Sie verbindet ihn jedoch auch mit einer Geschichte, die noch die altnordische Hamdirsage verarbeitete (*Getica* 129f.); ebenfalls kein Stoff, den Cassiodor oder Jordanes erfunden haben können. Als Greutungenkönig wurde Ermanarich aber schon im 4. Jahrhundert wahrgenommen und muß, ob nun Amaler oder nicht, im Unterschied zu seinen Brüdern historisch sein (AM XXXI 3, 2). Sehr bald nach Ermanarich endeten spätestens 376 das letzte gotische Königtum außerhalb des Römerreichs und für viele Jahrzehnte die gotische Selbständigkeit. Diejenigen Goten, denen nicht die Flucht ins Imperium Romanum gelang, wurden Knechte der Hunnen. Trotzdem hielt die „Kraft der Amalersippe", *Amalorum generis potentia*, unvermindert an, galt ihr Adel mehr als der Attilas (*Getica* 199).

Die Genealogie der Amaler bis einschließlich Ostrogotha setzt eine Abfolge von Stammesbildungen voraus, die mangels anderer Nachrichten schemenhaft bleiben. Aber soviel kann man sagen: Älter als die Ostrogothen und damit älter als Ostrogotha, der König der pontischen Goten, sind die Amaler und Amal. Älter aber als die Amaler und Amal sind die Gauten und Gaut.

Mit den Amalern kam – versteht man den Stammbaum recht – die gautisch-ansische, das heißt, skandinavische Tradition zu den östlichen Goten. Erst mit dem jüngsten Stammvater Ostrogotha werden die Amaler zu Goten, weshalb auch die gotische Überlieferung von vor-amalischen Ursprüngen weiß (*Getica* 43).

War also Skandinavien nicht der Ort der gotischen, sondern der Herkunft der gautischen Amaler? Tatsächlich gab um 500 ein skandinavisch-gautischer Roduulf „sein eigenes Königtum auf, vertraute sich dem Schutz des Gotenkönigs Theoderich an und fand das Gewünschte" (*Getica* 24). Daher wäre es gut möglich, daß Cassiodor von ihm die aktuelle Kunde von skandinavisch-baltischen Gotenvölkern und ihren Traditionen erfuhr und für die Amaler verwendete. Auch die Berig-Geschichte, die der Autor unmittelbar auf die Erwähnung Roduulfs bringt, könnte mit dem skandinavischen König nach Ravenna gekommen sein, so daß sie Cassiodor an die Spitze der Herkunftsgeschichte rücken konnte (*Getica* 25). Viele vorethnographische Daten der Getica gingen demnach zwar auf mündliche Überlieferung zurück, wären aber nicht „in grauer Vorzeit", sondern erst um 500 zu den Goten nach Ravenna gekommen. Tatsächlich fügen die Getica ihren Angaben über skandinavisch-baltische Völker und ihre Wohnsitze nicht selten die Worte „heute noch" hinzu (*Getica* 24f. und 96). Dies kann jedoch nicht für diejenigen mündlichen Überlieferungen gelten, die aus Ostmitteleuropa und Osteuropa stammten. Und was hätte Roduulf viel an Neuem bringen können, wenn die Skandia-Geschichte den römischen Ethnographen in den Grundzügen schon um 450 bekannt gewesen wäre? Viele Fragen müssen offen bleiben. Für eine Geschichte der Motive und

Traditionen ist es jedoch nicht von Belang, ob ein einziger Gote oder Amaler je die Ostsee überquerte oder nicht, gleichgültig, ob von Norden nach Süden oder umgekehrt. Es brachte Prestige, aus Skandinavien zu stammen, und daher wollten nicht nur die Goten, sondern nach ihnen alle Völker, die die *lingua Theotisca* sprachen, einmal Skandinavier gewesen sein.

Die Bedeutung der skandinavischen Herkunft

Daß Völker und Königsgeschlechter ihre Herkunft von Skandinavien herleiteten, ist zunächst teil ihrer an Namen festgemachten Überlieferung, als System aber das Werk der antiken Ethnographie und ihrer frühmittelalterlichen Nachfolgerin. Dafür gab es eine überzeugende Erklärung, die auch die gotische Herkunftsgeschichte wie selbstverständlich übernimmt: Skandinavien war ein Raum, in dem sich die Menschen ungestüm vermehrten. Das kalte Klima verlängerte die Fortpflanzungsfähigkeit von Mann und Frau. Außerdem kannte der Norden extrem lange Winternächte (*Getica* 19f.), die ab einem gewissen Breitengrad in eine einzige Winternacht übergingen, was den phantastischen Fortpflanzungsdrang der Bewohner nur noch verstärkte. Folgerichtig bezeichnete die Herkunftsgeschichte die „Insel Scandza als eine Völkerwerkstatt oder Gebärerin von Stämmen" (*Getica* 25).

Seit langem ist die Vorstellung von der skandinavischen Übervölkerung als literarischer Topos erkannt und als historische Begründung für die gotische oder auch noch langobardische Herkunftsgeschichte ausgeschieden. Warum haben aber so viele Völker auf Skandinavien als ihrem Ursprungsland bestanden? Lange Genealogien begründen Altehrwürdigkeit und damit Vorrang unter den Völkern, und die längsten germanischen Stammbäume kommen in Skandinavien vor. Dagegen blieben die Sippen-Namen auf dem Kontinent nur in kleiner Zahl erhalten. Frühmittelalterliche Quellen kennen bloß die gotischen Amaler und Balthen, die vandalischen Hasdingen und fränkischen Merowinger sowie die langobardisch-bayerischen Adels- und Königsfamilien, deren Namen sich – zumindest zum Teil – ebenfalls auf skandinavische Ursprünge beziehen.

Lange Stammbäume entsprechen dem Konservatismus einer Insel-Kultur. An der Peripherie können sich ethnische Traditionen ungestörter entfalten und für längere Zeit erhalten als in den Zentren. Am Rande überlebten verhältnismäßig stabile Gesellschaftsstrukturen, während sich der wichtige Frankenkönig Chlodwig nur auf eine Genealogie berufen konnte, in der er bereits den vierten Platz einnahm; schon sein Urgroßvater war ein Stiergott. Die Franken waren eben eine relativ junge ethnische Formation, die in einem Gebiet ständigen Wandels entstanden war.

Die Vorstellung, wonach alte Traditionen politische Bedeutung hatten, war auch den Römern vertraut: Konstantin der Große machte seinen Vater, einen illyrischen Bauern, zu einem Flavius, zu einem Nachkommen der hochverehrten kaiserlichen Dynastie des 1. nachchristlichen Jahrhunderts. Und seither waren alle Kaiser und diejenigen, die von ihnen das Bürgerrecht erhielten, Flavier. Theoderich der Große wurde spätestens im Jahre 484 mit dem Antritt des Konsulats römischer Bürger. Damit hatte der Kaiser ihn und seine Familie zu amalischen Flaviern gemacht.

Selbstverständlich stammte weder Konstantin noch Theoderich der Große genetisch von Vespasian, Titus oder Domitian ab. Aber das gleiche gilt auch für die gotisch-amelungische oder burgundisch-nibelungische Traditionen, deren sich etwa bayerische, sächsische oder schließlich sogar norwegische und isländische Familien rühmten. Auf dem Kontinent bemächtigte man sich schon am Ausgang der Antike skandinavischer Vorfahren, um besonderes Ansehen zu zeigen, um „dazu" zu gehören. Daher waren Genealogien niemals bloße Literatur, sondern stets auch Gegenstand der gentilen Erziehung wie Existenz. Wer die 24 Vorfahren der großen irischen Heiligen Brigit aufsagte, war für den Tag und die Nacht vor Tod und Not, vor allen Anfechtungen und Gefahren des Leibes und der Seele gefeit. Stammbäume bildeten aber auch die Grundlage für die Entstehung größerer politischer Einheiten und damit für das Zusammengehörigkeitsgefühl der frühmittelalterlichen Eliten. Ohne den Kitt der römischen, die christliche Heilsgeschichte einschließenden Historie, ohne die im Auftrag der Könige geschaffenen ethnographischen Identitäten wären jedoch die partikularen Überlieferungen auseinandergefallen, hätten nicht einmal in Bruchstücken überdauert, hätten nicht die „Umgestaltung der Römischen Welt" bewirkt.

Die Goten und das Reich im 3. und 4. Jahrhundert

Die Goten greifen auf dem Lande und zu Wasser an: 238–271

Die kaiserliche Regierung in Rom hatte – vom Donauknie bis zum Mündungsdelta – stets mit der Bedrohung ihres nordöstlichen Herrschaftsraums durch barbarische Angreifer zu rechnen. Den Goten gelang es erst nach einiger Zeit, unter den Völkerschaften sarmatisch-germanischer Herkunft die Führung zu übernehmen. Im Jahre 238 war dieser Prozeß so weit gediehen, daß die Goten an der Spitze barbarischer Heerhaufen die römischen Provinzen südlich der Donau verwüsteten (Dexippos frag. 20 [14]). Um sie zum Abzug zu bewegen, setzte die Reichsregierung auf das erprobte Instrumentarium seiner Barbarenpolitik: Gelder wurden bezahlt und Krieger in die römische Armee aufgenommen. Darauf hielten die Goten über ein Jahrzehnt lang Ruhe.

Kaiser Philippus Arabs (244–249) feierte Triumphe über nichtgermanische Verbündete der Goten, verweigerte ihnen gleichzeitig auch die ausgehandelten Jahrgelder und begann, gegen sie zu rüsten. Die Maßnahmen scheiterten jedoch deswegen, weil das in Thrakien stationierte Römerheer seine Waffen nicht gegen den äußeren Feind, sondern gegen den regierenden Kaiser richtete und im Sommer 249 nach Italien marschierte. Im darauffolgenden Frühjahr 250 griffen riesige

Kriegerscharen das schutzlose Reichsgebiet an. Verlauf und Ende des bis 251 dauernden Kriegszugs lassen einen Gotenkönig Kniva als hervorragenden Feldherr erkennen, der aus drei bunt zusammengewürfelten Völkerhaufen eine schlagkräftige Armee machte. Nach einigen Anfangserfolgen trafen die Römer – wahrscheinlich im Juli 251 – auf die gotische Hauptmacht im Raum von Abrittus-Hisarlâk beim heute bulgarischen Razgrad. Kniva besaß gute Ortskenntnisse und lockte seinen kaiserlichen Gegner in ein Sumpfgebiet. Darauf teilte er sein Heer in mehrere taktische Einheiten, mit denen er die römischen Truppen einkesselte. Kaiser Decius (249–251) und sein Sohn fielen, die Römer erlitten eine schwere Niederlage, während die Goten mit ihrer reichen Beute an Menschen und Gütern und dem Versprechen heimziehen konnten, daß ihnen die Jahrgelder weiter bezahlt würden. Weder Kniva noch sonst ein siegreicher gotischer Heerführer baten jedoch – sehr im Unterschied zu den Barbarenfürsten der Markomannenkriege – für sich und die Seinen um Aufnahme ins Römerreich (*Getica* 89–104).

Die Gotenstürme waren damit allerdings noch nicht zu Ende. Im Gegenteil. Bald darauf kamen die Goten auch übers Meer und griffen nicht bloß die Balkanprovinzen, sondern auch Kleinasien an. Dabei dürfte es 257 geschehen sein, daß „westliche" Goten die Vorfahren Bischof Wulfilas aus Kappadokien ins Gebiet nördlich der Donau verschleppten. Im Frühjahr 268 überfiel eine große Flotte das Römerreich. Die Angreifer, hauptsächlich Goten und Eruler, überwanden Bosporus und Dardanellen. In der Ägäis traten aber große technische Probleme auf: Die Schiffe oder, eher, schiffsähnlichen Fahrzeuge der Barbaren waren den Anforderungen von Wind und Wetter nicht gewachsen. Die Flotte bestand aus vielen tausenden Booten, erlitt jedoch bereits ohne Einwirkung der überlegenen römischen Kriegsschiffe schwere Verluste. Soweit sie die Seegefechte überlebten, mußten viele Goten und Eruler den Heimweg zu Fuß antreten. In zwei Schlachten, 268 nördlich von Thessaloniki wie 269 bei Naissus-Niš, fanden die meisten Barbaren den Tod oder kapitulierten. Die Gefangenen wurden – je nach Kampftüchtigkeit – in die römische Armee eingegliedert oder als Arbeitskräfte den Großgrundbesitzern übergeben.

Der siegreiche Kaiser Claudius II. (268–270) war der erste, dem der Senat den Triumphaltitel *Gothicus* verlieh – übrigens der älteste zeitgenössische Beleg für den Gotennamen. Die Annahme des Triumphaltitels ist für die kommenden Jahrzehnte die Leitquelle gotisch-römischer Auseinandersetzungen. Der nächste Gotensieger war Aurelian (270–275), der die Goten in ihrem eigenen Gebiet jenseits der Donau angriff und schließlich in einer Schlacht stellte, die ihr König und 5000 Krieger nicht überlebten. Die Gotengefahr schien auf immer gebannt. Aurelian war zurecht der *Gothicus Maximus*; denn durch ihn, „den tapferen Mann, den strengen Rächer ihrer Untaten, geschlagen, hielten sie (die Goten) lange Jahrhunderte Ruhe." (AM XXXI 5, 17). Tatsächlich war es nur ein Jahrhundert, in dem es kein Gote wagte, die Donau in kriegerischer Absicht zu überqueren. Allerdings gab es dafür eine Alternative.

Aurelian hatte die römische Verwaltung und das römische Militär aus der trajanischen Dacia abgezogen, so daß es Goten und anderen Barbaren möglich wurde, den Großteil Siebenbürgens zu besetzen. Der Schlachtentod des Gotenkönigs hatte jedoch weitreichende Folgen. Seit der Mitte des 3. Jahrhunderts hatte sich der Schwerpunkt des gotischen Heerkönigtums aus dem ukrainischen Kerngebiet an die untere Donau verlagert. Kaiser Aurelian hatte nicht nur die Einheit des Gotenvolks zerschlagen, sondern auch das gotische Königtum, das Zentrum der Aggression, wieder in den Osten abgedrängt.

Die Namen der beiden Gotenvölker

Spätestens im Frühjahr 291 wurden die westlichen Goten zum ersten Mal als Terwingen bezeugt (XII Panegyrici Latini XI [III] 17, 1). Es dauerte aber noch etwa hundert Jahre, bis das vollständige gotische Namenssystem bekannt wurde. Dieses enthielt den Doppelnamen *Tervingi-Vesi* für die westliche und den der *Greutungi-Ostrogothi* für die östliche Abteilung. Die Terwingen sind die „Waldleute", die Greutungen die „Steppen- und Strandbewohner". Dagegen bedeutet der Name der Vesier die „Goten, Edlen", der der Ostrogothen „die glänzenden oder Sonnenaufgangs-Goten". Die Kritik an der Gleichsetzung von Terwingen und Vesiern, von Greutungen und Ostrogothen ist alt und beharrlich, wird deswegen aber nicht richtiger. Das gleiche gilt von dem Versuch, die Ostrogothen nicht nach der Himmelsrichtung, sondern als „getaufte Goten" zu etymologisieren.

Das Gegensatzpaar Greutungen-Terwingen besteht aus landschaftsgebundenen Fremdbezeichnungen. Das Paar Ostrogothen-Vesier sind prunkende Selbstbezeichnungen. Die Quellen mischen nie, das heißt, sie stellen entweder die Terwingen den Greutungen oder die Vesier den Ostrogothen gegenüber. Daher müßten sowohl die Namen Greutungen-Terwingen wie Ostrogothen-Vesier gleichzeitig entstanden sein. Folgt der Schluß: Beide Paare setzen einander voraus und stammen noch aus dem 3. Jahrhundert. Nach 400 leben die Namen von Greutungen und Terwingen nur mehr im Heldenlied fort, während sich das Paar Vesier-Ostrogothen zunächst unverändert erhält. Cassiodor „verbesserte" die beiden Prunknamen zu Vesegothen (Visigothen) – Ostrogothen im Sinne von Westgoten und Ostgoten. Obwohl das zuletzt genannte Gegensatzpaar seine Existenz einer falschen Etymologie der ersten Hälfte des 6. Jahrhunderts verdankt, ist es doch sinnvoll, bereits von Westgoten und Ostgoten zu sprechen, sobald die entsprechenden gotischen Völker unter königlicher Führung im Römerreich agieren. Das heißt, für die Westgoten mit Alarich I., für die Ostgoten mit der Vatergeneration Theoderichs des Großen.

Nachdem das allgemeine Königtum erloschen war, konstituierten sich die westlichen Goten als die von vielen Kleinkönigen beherrschte Oligarchie der Terwingen-Vesier, während es anscheinend den Amalern gelang, sich als monarchische Könige der östlichen Greutungen-Ostrogothen durchzusetzen.

Konstantin der Große (306/324–337) und die Terwingen

Konstantin der Große führte bereits mehrere Kriege gegen die Terwingen, bevor er sich gegen seine Widersacher im Kampf um das Kaisertum 324 endgültig durchgesetzt hatte. In den ihm verbleibenden 13 Jahren organisierte der Kaiser nicht bloß die Verteidigung von Pannonien bis zur Mündung der Donau, sondern ergriff auch die Offensive. Als der Kaiser 337 starb, konnte das „Gotische Ufer" als ungefährdet und sicher gelten. Von der Donau abgedrängt, änderten die Terwingen ihre Stoßrichtung. Um 330 dürfte die verstärkte Gotisierung des siebenbürgischen Dakiens eingesetzt haben, ein Prozeß, den die Archäologie mit der Sîntana-de-Mureş-Kultur in Verbindung bringt. Der Vorstoß führte im Jahre 332 zu Kämpfen mit den Theiß-Sarmaten. Konstantin sandte jedoch seinen gleichnamigen Sohn mit einem starken Heer über die Donau, das den Terwingen in den Rücken fiel und ihnen eine verheerende Niederlage zufügte. Aus dem terwingischen Angriffskrieg wurde sehr rasch ein Kampf ums Überleben, den ein Ariarich leitete. Er ist der allererste Gotenfürst, dessen Namen die Herkunftsgeschichte und eine andere antike Quelle überliefern (AV I 31 und *Getica* 112). Auch dürfte er der erste terwingische Richter gewesen sein, den man kennt. Mit ihm schloß Konstantin das Foedus, den Bündnisvertrag, von 332, wonach die Goten gegen jährliche Geldzahlungen eine bestimmte Anzahl von Hilfstruppen stellten und den für sie lebensnotwendigen Handel mit den römischen Nachbarn an der Donau wieder aufnehmen durften. Das konstantinische Foedus von 332 war der erste von einem Zeitgenossen überlieferte Vertrag zwischen Rom und einem gotischen Volk (AV I 31). Dem Kaiser wurde in Konstantinopel eine Siegesstatue errichtet, deren Aufschrift „Der wiedergekehrten Fortuna aus Anlaß des Sieges über die Goten" noch heute die Großtat verkündet (Fiebiger-Schmidt n. 164). Der große militärische Erfolg erleichterte Konstantins Politik der Verständigung mit den Terwingen. Gotische Fürsten wurden belohnt und ausgezeichnet. Der Sohn Ariarichs kam als Geisel nach Konstantinopel. Wahrscheinlich hieß er Aorich und war der Vater Athanarichs; Aorich wurde in den Vorräumen der Kurie von Konstantinopel eine Statue gesetzt.

Gesellschaft und Verfassung der Terwingen

Die *Gothia* der antiken Autoren war die *Gútthiuda* der Volkssprache. Beide Begriffe bezeichneten das gesamte Herrschaftsgebiet der terwingischen Völkergemeinschaft. Dazu gehörten auch andere germanische und nichtgermanische Gruppen. Die Gothia-Gútthiuda war daher keine Abstammungsgemeinschaft. Für ihren politischen Zusammenhalt war in Friedenszeiten eine Ratsversammlung verantwortlich, die sich aus den Spitzenvertretern, *reges, reiks,* einer nicht näher bekannten Zahl von Kleinstämmen oder Unterabteilungen, *kunja,* zusammensetzte. Wurde die Gútthiuda von außen oder innen bedroht, bestellte der Rat einen Richter, *iudex, kindins,* der auf Zeit und auf das terwingische Stammesgebiet beschränkt, monarchische Gewalt ausübte. Da der Richter das Stammesterritorium nicht verlassen durfte, war er sicher nicht der Mann, der einen Angriffskrieg, wie etwa 332 gegen die Theiß-Sarmaten, angeführt hätte. Nicht unmöglich, daß für die Dauer eines solchen Unternehmens ein monarchischer Heerführer, ein **drauhtins,* sei es vom Richter, sei es vom Stammesrat bestellt wurde.

Die regionale Unterabteilung der Gútthiuda bildete das *kuni*. Da man als Gote dazu als *inkunja*, als Stammesmitglied im ursprünglichen Wortsinn, gehörte, dürfte sich der Gedanke der Abstammungsgemeinschaft auf die Ebene der Unterabteilung verlagert haben. An der Spitze eines Kuni standen mehrere *reiks*, die lateinische Quellen auch als *reges* bezeichneten. Diese Reiks-Reges waren aber offenkundig nicht gleichrangig, sondern einander übergeordnet und untergeordnet, so daß das Kuni im Grunde doch von einem einzigen König oder königlichen Fürsten geleitet wurde. Sehr gut wird das Verhältnis der einzelnen *reiks* zum *kindins* in der Bezeichnung Athanarichs als *iudex regum*, als „Richter der Könige", beschrieben (Ambrosius, *De spiritu sancto* I prolog. 17). Das Richtertum hatte die Auflösung der Terwingen in Krisenzeiten zu verhindern; von Athanarich sind politische wie kultische Maßnahmen bekannt, die eine donaugotische Desintegration zu verhindern suchten.

Haus und Burg, *gards* und *baúrgs*, bildeten die Zentren der aristokratischen Herrschaft. Beide Einheiten stehen für die Machtausübung des gotischen Herrn über seine Familienmitglieder, seine freien Gefolgsleute, abhängigen Klienten, minderfreien und unfreien Bauern gotischer wie nichtgotischer Herkunft. Die Burg könnte Besitz eines Stammesfürsten gewesen sein, während der gewöhnliche Edle vielleicht in einem ehemals römischen Gutshof sein Haus hatte, das unbefestigt oder höchstens von einem Palisadenzaun umgeben war. Die Mitglieder des Hauses wie der Burg sind dem Herrn durch einen Eid verbunden. Die wirtschaftliche Grundlage des Hauses bildet das in der Familie vererbte Land, das *haimothli*, das „Hoamatl", wie der Bauernhof in der bayerisch-österreichischen Sprache heute noch heißt. An dem Wort *haimothli* wird die Ausbildung der Grundherrschaft erkennbar. Die aristokratische Stammesordnung der Donaugoten entwickelte sich auf Kosten der politischen, sozialen wie wirtschaftlichen Bedeutung der freien Unterschichten. Die Polyethnie der donaugotischen Konföderation förderte Überschichtungen, Klientelbildungen und daher die Ausweitung sowie Verfestigung des Gefolgschaftswesens.

Gegenüber den Organisationsformen von Haus und Burg tritt die *sibja*, Sippe, stark zurück. Sie war allerdings eine Rechtsgemeinschaft: Gesetzlosigkeit und Außergesetzlichkeit, die Annahme an Kindes statt und die Adoption, aber auch die Versöhnung mit dem Bruder werden in Sätzen zum Ausdruck gebracht, in denen die Sippe im Mittelpunkt steht. Sicher war man als Sippenangehöriger sowohl Subjekt wie Objekt der Blutrache; doch wird auch diese Einrichtung vom Gefolgschaftswesen erfaßt:

Land der Goten, Kleinstamm, Burg und Haus wurden von den Großen beherrscht. Dazu dienten ihnen die Gefolgschaften, in denen die Unterschiede zwischen frei und unfrei verschwanden, weil jeder Gefolgsmann einem Herrn gehorchen mußte. Mit den Formen der Herrschaft konkurrierte das genossenschaftlich organisierte Dorf, *haims*. Hier muß sich der freie Gote „daheim", *anahaims*, gefühlt haben. Außerhalb des Dorfes war er im Exil, in der Fremde, *afhaims*. Selbst die freien Dorfgenossen, die „Verwandten und Nachbarn", hatten keinen Anteil an den Entscheidungen der Großen im Rat, aber auch nicht an der politischen Willensbildung des Kuni. War die dörfliche Versammlung freier Goten mit den Entscheidungen der Großen nicht einverstanden, blieb ihr nur das uralte Mittel bäuerlichen Widerstands, die Herrschaft solidarisch zu hintergehen und ihre Anordnungen zu sabotieren. Kam jedoch ein Großer mit seinem bewaffneten Gefolge ins Dorf, besaß er die herrschaftliche Macht, die genossenschaftliche Selbstverwaltung auszuschalten.

Sabas Dorf

Man wüßte nichts von einem außerrömischen Dorfleben des 4. Jahrhunderts, hätte nicht der Gote Saba am 12. April 372 als 38jähriger im Flusse Musaeus-Buzău das Martyrium erlitten und wäre darüber nicht nahezu gleichzeitig eine Leidensgeschichte aufgezeichnet worden (*Passio s. Sabae Gothi* cc. 1 ff.). Obwohl arm und nach Ansicht eines terwingischen Großen unbedeutend, war Saba doch ein Freier, der an den Entscheidungen seiner Dorfgenossen teilnahm und sich ihnen auch als einzelner mit Erfolg widersetzen konnte. Die Dorfversammlung dominierte klar eine Gruppe, die Vorschläge machte, die Beschlußfassung leitete und als Exekutivorgan auftrat. Diese Leute waren auch für die Weihe des Opferfleisches zuständig, das heißt, sie waren für Kult und Ritus verantwortlich. Sie besaßen mehr Prestige und wirtschaftliche Macht als die anderen Dorfbewohner, konnten aber nicht ohne sie entscheiden, mögen sie auch arme Teufel gewesen sein. Die Dorfsprecher waren alle Heiden; sie allein durften die Opferungen vorbereiten und durchführen, mußten aber auch die Christen schützen, die als Verwandte galten.

Diese Verantwortlichkeit erklärt den Versuch der Dorfsprecher, den Christen bei der von den Reiks angeordneten Opfermahlzeit ungeweihtes Fleisch vorzusetzen. Da sich jedoch Saba gegen diese fromme List als einziger Christ wehrte, wurde er aus dem Dorf verbannt. Nach einiger Zeit kehrte Saba wieder zurück. Darauf bemühten sich die Dorfsprecher mit allen Mitteln, Saba vor den Fürsten, zu deren Herrschaftsbereich das Dorf zählte, zu schützen. Die Sprecher waren nun sogar bereit, einen Meineid zu leisten, es gebe in ihrer Haims keine Christen. Auch diesen Versuch vereitelte Saba, worauf die Dorfsprecher einem herrschaftlichen Vertreter schworen, sie hätten nur einen einzigen Christen im Ort. Damit deckten sie ihre christlichen Verwandten, lieferten aber zugleich auch den Heiligen aus. Die zweite Verbannung Sabas ordnete derselbe Fürst an, der den Christen wegen seiner Mittellosigkeit verspottet hatte. Aber auch diese Verbannung überlebte Saba und fiel erst der dritten Verfolgungswelle unter einem übergeordneten Reiks zum Opfer.

Kult und Religion der Terwingen und Greutungen

Das kultisch-religiöse Leben des donauländischen Stammesverbandes spielte sich in den einzelnen Dorfgemeinschaften ab und wurde von den Kunja und ihren Repräsentanten bestimmt und reguliert. Die Dorfgemeinschaft bildete den besonderen Friedensbereich, den das kultische Opfermahl der Dorfbewohner erhielt. Wer sich davon ausschloß, brach die Religion, die Bindung an die Gemeinschaft, die mit der Verbannung des Frevlers antwortete. Seine Schuld ist die Leugnung des göttlichen Ursprungs des Volkes, was besonders die Oberschicht der Fürsten und Könige treffen mußte. Sie verstanden sich als Träger der ethnischen Überlieferung und reagierten auf die Christianisierung mit Verfolgungen. Zur Stammestradition gehörte die Verehrung der Vorfahren, und zwar nicht bloß bei den östlichen Goten, sondern auch die

Terwingen eröffneten die Schlacht mit Preisliedern auf ihre Ahnen. Wie Amal und Ansis den hölzernen Pfahlgötzen meinte, hat Athanarich während „seiner" Christenverfolgung ein solches Idol zur Verehrung herumführen lassen. Dieses könnte den donaugotischen Spitzenahnen und damit die letzte bekannte religiöse Gemeinsamkeit der Gútthiuda dargestellt haben. Jeder gotische Kleinstamm besaß nämlich seine besonderen Heiligtümer, wofür Priester und Priesterinnen sorgten. Keiner der Heidenpriester nahm an den Christenverfolgungen teil. Religionspolitische Maßnahmen und ihre Umsetzung lagen bei den Stammesfürsten, beim Gotenrichter, *kindins*, wie bei den Königen und Fürsten, *reiks* (Eunapios frag. 55).

Die Götter der Goten, und zwar die der westlichen Terwingen ebenso wie die der östlichen Greutungen, sind lediglich zu erschließen: An der Spitze der A(n)sen stand Gaut, den vor allem das amalische Königsgeschlecht als seinen Gründergott verehrte. Der erste Hochgott der Donaugoten dürfte hingegen der Kriegsgott Tius gewesen sein, dessen Darstellung, Epiphanie, sich in Schwertgestalt vollzog, wie dies schon bei den vorgotischen Völkern dieses Raums Glaubenstradition war. Die Donaugoten nannten diesen Schwertgott nach ihrem Stammesnamen Terwing, setzten ihn aber selbst mit dem skythisch-thrakischen Ares-Mars gleich. Eine ähnliche Angleichung an antike Vorstellungen vollzogen die Terwingen mit dem Donnergott, den sie auf gotisch vielleicht **Fairguneis,"* „Eichengott", wahrscheinlich aber auch auf lateinisch Jupiter nannten. Nicht auszuschließen wäre die Verehrung eines Ing-Gottes, weniger wahrscheinlich ist die eines Irmin-Gottes. Einen gotischen Wodan-Odin hat es nicht gegeben. Die Donau könnte als Gott verehrt worden sein; der Flußgott empfing Menschenopfer, auf seinen Namen wurden Eide geleistet.

Heer und Polyethnie

Die Heere waren klein – 3000 Mann galten offenkundig als Standard – und bestanden aus spezialisierten Elitekriegern. Heere wurden sowohl von den einzelnen Kunja wie von der gesamten Gútthiuda aufgeboten. Ausdrücklich wird von innergotischen Stammeskriegen berichtet. Auch sind Gefolgschaftsunternehmen einzelner Häuptlinge zu erschließen. War die Gútthiuda im Krieg, besaß der Gotenrichter den Oberbefehl über das Heer, soweit es um ihre Verteidigung ging. Operationen im Ausland leiteten hingegen eigene Heerführer.

Während die terwingischen Stammesheere vornehmlich aus unberittenen Kriegern bestanden, bildete der gepanzerte Lanzenreiter, der ungeheure Entfernungen überwand und seine Zweikämpfe zu Pferd austrug, bereits den greutungischen Normalkrieger. Zu seiner Welt gehörten die Beizjagd (Jagd mit Raubvögeln), der Schamanismus sowie religiöse Praxis und Erfahrung, dargestellt auch in christlicher Zeit in den Adlerfibeln, schließlich die politische Manifestation, die sich noch am sassanidischen Königsornat der italischen Amaler erkennen läßt. So wirkte die Lebensart der iranisch-türkischen Steppenvölker als ostrogothisches Erbe bei den Ostgoten fort. Diese Akkulturation erfolgte in dem riesigen Reich, das der große ostrogothisch-greutungische Heerkönig Ermanarich um die Mitte des 4. Jahrhunderts beherrschte. Sein Mittelpunkt lag zwar in der Ukraine, doch erstreckte es sich bis ins Baltikum und zum Ural und umfaßte neben Goten auch Finnen, Eruler, Alanen, Sarmaten und Aesten, aber auch Slawen, Anten und anscheinend schon einige Hunnen (*Getica* 116–130).

Das tägliche Leben

Die nach 350 auf römischem Boden entstandene Bibelübersetzung Wulfilas und seiner Helfer machte das Gotische zur bei weitem ersten germanischen Sprache, die den Rang der Schriftlichkeit erreichte. Die christlich-liturgische Fachsprache bezog das Bibelgotische, sei es unmittelbar, sei es über lateinische Vermittlung, aus dem Griechischen. Die Ausdrücke für die zivilisatorischen Errungenschaften der Mittelmeerkultur stammten dagegen fast ausschließlich aus dem Lateinischen. In diesem Bereich spiegelt das Bibelgotische das Leben einer gentilen Gesellschaft, deren Bauern, Händler und Krieger mit der römischen Großstaatlichkeit und ihrer Zivilisation in engste Berührung traten.

Die gotischen Krieger, die im römischen Heer als Föderaten gedient hatten, brachten die römische ‚Kommißsprache', den *sermo castrensis*, ins Land nördlich der Donau. So kam der lateinische Fachausdruck für die Soldzahlungen *annona* als militärisches Lehnwort **anno* in die Gotenbibel, wofür es aber auch das gotische Wort *mizdo* gab. Das gleiche gilt von „wütend", *woths* und *daimonareis*, von *draúhtinon* und *militon*, Kriegsdienste leisten, von *laigaion* und *harjis*, Legion oder Heer, von November, *Naubaimbair* und *fruma Jiuleis*, von *rex* und *reiks* im Sinne eines Kleinkönigs, von *rex-imperator* und *thiudans* für Kaiser, Großkönig und Himmelskönig.

Die gotischen Föderaten lernten „kaufen", *kaupon*; sie gingen zum Schank- und Hurenwirt oder Krämer, *caupo*, ließen sich die Haare nach römischer Art, *capilli*, schneiden, *kapillon*, und bezogen die Gegenstände des gehobenen Bedarfs als sprachlichen wie sachlichen Import aus dem Römerreich. Die Gleichnisse der Bibel sprechen von Ackerbau, Viehzucht und Fischfang. Wulfilas Übersetzung benötigt dazu kaum nichtgotische Wörter. Daß der Reichtum wörtlich das Vieh, *faihu*, bedeutet, hat das Gotische mit anderen alten Sprachen gemeinsam. Fast alle Bezeichnungen für Früchte, Getreidearten, Unkraut, für den Mist und den Pflug, für die Werkzeuge und bäuerlichen Arbeiten sind ebenso gotischer Herkunft wie die Sprache der viehzüchtenden Hirten, also der Leute, die mit Wulfila ins Römerreich gezogen waren und dort an ihrer halbnomadischen Lebensweise noch Jahrhunderte später festhielten (*Getica* 267).

Bischof Wulfila (um 311–383) und die Anfänge des gotischen Christentums

Wulfila, „Kleiner Wolf", war ein Terwinge, der Vorfahren hatte, die aus Kappadokien stammten. Sie wurden beim Goteneinfall von 257 ins Land nördlich der unteren Donau verschleppt (Philostorgios II 5), behielten jedoch ihre christliche Identität, obwohl sie Goten wurden. In Analogie zu anderen gotischen Christen könnten es Wulfilas Großeltern oder Urgroßeltern väterlicher- und/oder mütterlicherseits gewesen sein, „die ihre Herren zu Brüdern (in Christo) machten" (Basilius d. Gr., *Epistolae* 164). Wahrscheinlich wurde Wulfila schon bei der Geburt getauft und dreisprachig erzogen; außerdem erhielt er eine rhetorische Erziehung. Er war nämlich als Erwachsener imstande, theologische Traktate und exegetische Schriften in lateinischer und griechischer Sprache abzufassen (Auxentius, Streitberg 1, S. XVI). Ebenso ist seine Übersetzungstätigkeit ohne selbstverständlichen Umgang mit den klassischen Sprachen undenkbar.

Wulfila empfing spätestens 341 in Antiochia die Weihe zum „Bischof der Christen im getischen Land" (Philostorgios II 5). Dies und seine vorausgegangene diplomatische Tätigkeit widerlegen die Annahme, er sei von niederer Herkunft gewesen. Niemand geringerer als Eusebios, der Reichsbischof von Konstantinopel, nahm die Ordination vor. Wulfila empfing auch keine absolute, sondern eine relative Bischofsweihe, das heißt, er wurde – kanonisch korrekt – das kirchliche Oberhaupt eines benannten Bereichs. Es muß daher in der donaugotischen Konföderation eine wahrnehmbare Christengemeinde gegeben haben. Tatsächlich weiß die katholische Tradition von einem Kappadokier Eutyches, der wohl ein älterer Zeitgenosse Wulfilas war. Auf dem Ersten Ökumenischen Konzil zu Nicaea des Jahres 325 waren auch ein Bischof der Krim und ein Theophilos der Gothia erschienen. Letzterer könnte der Vorgänger, wenn nicht der Lehrer Wulfilas gewesen sein (Sokrates II 41). Schließlich lehrt die Bibelübersetzung, daß Wulfila und seine Helfer auf vorhandenen Grundlagen aufbauen konnten, die sowohl lateinisch wie griechisch sprechende Missionare gelegt hatten.

Wulfila übernahm die damals im Ostreich vorherrschende Konfession, die man einst wie heute vereinfachend als Arianismus bezeichnete. Diese Lehre bekannte Christus als den „eingeborenen Sohn, unseren Herrn und Gott, Schöpfer aller

Kreatur, der nicht seinesgleichen hat – und daher ist einer aller Gott Vater, der auch der Gott unseres Gottes ist –, und an den einen Heiligen Geist, den Lebensspender und Heiligmacher, der aber weder Gott noch Herr ist, sondern der treue Diener Christi, und nicht ihm gleich, sondern unterworfen und in allem dem Sohn gehorsam, wie auch der Sohn in allem Gott Vater unterworfen und gehorsam ist." (Auxentius, Streitberg 1, S. XVIII).

Demnach wurde für Christus nicht die Wesensgleichheit, Homusia, sondern bloß die Wesensähnlichkeit, Homöusia, mit dem Vater angenommen. Das Reichskonzil von 360 versuchte zu vermitteln; man einigte sich auf die homöische Kompromißformel von der Gleichheit der göttlichen Personen und wollte über ihr Wesen, *substantia, usia,* aber schweigen. Wulfila, der an diesem Konzil bereits als Vertriebener, „Bekenner" (ebendort), teilnahm, hielt sich zeitlebens an dessen Beschlüsse.

Das gotische Christentum verbreitete sich „von unten nach oben". Die Christen wurden daher von der terwingischen Oberschicht wie einst vom heidnischen Römerstaat als Bedrohung der religiösen und sozialen Ordnung angesehen und in einer Weise verfolgt, für die es in der germanischen Welt keinen Vergleich gibt. Im Jahre 348 muß ein Krieg mit den Römern stattgefunden haben. Von diesen Auseinandersetzungen ist zwar so gut wie nichts bekannt, aber im Anschluß daran kam es zur ersten gotischen Christenverfolgung, worauf Wulfila und seine Leute aus dem Land vertrieben wurden. Der arianische Kaiser Konstantius II. (337–361) nahm die Vertriebenen auf und wies ihnen Siedlungsraum im Norden des heutigen Bulgariens nahe der Stadt Nikopolis-Stari Nikub zu. Der Kaiser soll Wulfila den Moses seiner Zeit genannt haben; auch wurde er mit Elias verglichen (Philostorgios II 5. Auxentius, Streitberg 1, S. XVII). In dem Landstreifen am rechten Ufer der unteren Donau war Wulfila bis zu seinem Tod wohl im Jahre 383 der Bischof und Stammesführer seiner Gruppe (*Getica* 267). Hier entstand die gotische Bibelübersetzung, zwar entsprechend den allgemeinen Bestrebungen des 4. Jahrhunderts, aber dennoch auf sehr lange Zeit einmalig in der germanischen Welt.

Von der ersten gotischen Christenverfolgung 348 sind einige Märtyrer bekannt; für die zweite Verfolgung, die von 369 bis 372 dauerte, wird eine noch größere Zahl von Opfern überliefert. Im Sommer 369 hatte der Terwingenrichter Athanarich mit dem arianischen Kaiser Valens Frieden geschlossen und einen dreijährigen Abnützungskrieg beendet. Von den eigentlichen Kriegszielen der angreifenden Römer ist nur wenig bekannt; doch war Eudoxios, der Reichsbischof von Konstantinopel, bei Valens an der Donau, was auch auf geplante religionspolitische Maßnahmen schließen läßt. Die gotischen Christen aller Bekenntnisse – es gab neben Arianern auch Katholiken und Anhänger sonstiger Lehren – hatten jedenfalls darunter zu leiden, daß Valens mit seinem ersten Gotenkrieg gescheitert war. Nun wurden die Christen als Freunde der Römer und Leugner der gotischen Überlieferung jahrelang verfolgt.

Diese Verfolgung spaltete die Terwingen. Athanarich hatte wohl schon 363, als die Bedrohung der donaugotischen Konföderation seitens der Römer zunahm, das Mandat zu ihrer Verteidigung erhalten; eine Beauftragung, die spätestens im Römerkrieg von 367 bis 369 wieder auflebte. Nun wurde sie für die Bekämpfung des inneren Feindes abermals verlängert. Manchen Großen mußte dies bedenklich erscheinen, konnte doch aus dem Richtertum als Monarchie auf Zeit ein monarchisches Königtum auf Dauer werden. Der Reiks Fritigern verbündete sich mit Kaiser Valens und übernahm die Rolle eines Schutzherrn der arianischen Christen im Lande. Darauf kam es zu innergotischen Kämpfen, die aber Athanarich noch vor 375/76 für sich entschieden hatte (AM XXXI 3, 4).

Die katholischen Autoren des frühen 5. Jahrhunderts machten Wulfila zum Verbündeten Fritigerns und zum Gegner Athanarichs. Diese Annahme hat viel für sich, denn allein Wulfila und seine Leute waren imstande, die Bereitschaft oder das Versprechen Fritigerns, die Goten zu Christen zu machen, auch in die Tat umzusetzen. Fritigerns Entscheidung für den kaiserlichen Arianismus bildete jedenfalls die erste innergotische politische Förderung des Bekehrungswerkes, das Wulfila so großartig vorangetrieben hatte. Als der Gotenbischof wohl 383 in Konstantinopel starb, hatte sich die politische Landschaft freilich grundlegend verändert; nicht verändert hatte sich dagegen die enorme Kraft der gotischen Mission, die fast alle germanischen Völker nicht bloß am Rande, sondern auch im Inneren des Römerreichs erfaßte. Mochten auch die Kritiker des 5. Jahrhunderts Wulfila bestenfalls guten Glauben im Irrtum zubilligen oder von der intellektuellen Unfähigkeit sprechen, seinen Irrtum einzusehen (Sozomenos VI 37, 8 f. Theodoret IV 33), das gotische Bekenntnis mußten selbst Kaiser Theodosius I. (379–395) und seine Nachfolger anerkennen (*Codex Theodosianus* XVI 1, 4. *Codex Iustinianus* I 5, 12, 17). Damit war der Weg frei zu den königlich geführten Stammeskirchen der Goten, Vandalen, Burgunder, Langobarden und anderer Barbaren, als deren Reiche auf römischem Boden entstanden.

Der Hunnensturm
und der Beginn der gotischen Wanderungen

Die antike Geographie zog die Grenze zwischen Asien und Europa am Don. Östlich des Unterlaufs des Stroms war das Gebiet der indogermanischen Alanen, die heute noch in den nordkaukasischen Osseten fortleben. Hunnische Scharen unterwarfen die Alanen und überschritten 375 den Don. Damit war Ermanarich, dem König der Greutungen-Ostrogothen, der Krieg erklärt; nach mehreren Niederlagen beging der König Selbstmord. Die Greutungen gaben den Kampf nicht auf und wählten aus der Königssippe einen Nachfolger. Als auch dieser König etwa nach einem Jahr fiel, brach der ostrogothische Widerstand endgültig zusammen. Der Großteil des Volkes geriet unter hunnische Oberherrschaft; doch war es einer starken Gruppe von Ostrogothen wie Alanen gelungen, sich mit dissidenten Hunnen zu verbinden und der Unterwerfung zu entziehen, woraufhin sie gemeinsam Zuflucht im Römerreich suchten. Diese Dreivölkerkonföderation stand unter der Führung zweier nichtköniglicher Anführer, eines Goten und eines Alanen, knüpfte aber an die Tradition insofern an, als sie den kleinen Sohn des letzten toten Greutungenkönigs mit sich führten. Während sie sich den römischen Reichsgrenzen näherten, griff die hunnische Hauptmacht die Terwingen an.

Im Sommer 376 erwartete Athanarich den Feind am Westufer des Dnestr, an der Grenze zwischen den beiden Gotenvölkern. Die Hunnen überschritten jedoch den Fluß an einer ungeschützten Stelle und fielen über die Terwingen her. Wie in den Kriegen gegen Valens verstand Athanarich es auch diesmal, seine Krieger ohne nennenswerte Verluste in die bessarabische Waldzone zurückzuziehen. Hierher konnten ihm die Steppenreiter nicht folgen, worauf Athanarich die offene Südflanke des moldauischen Zentralplateaus durch einen langen Wall zu schützen begann. Während Athanarich „sein wohlgeplantes Werk" vorantrieb, überfielen ihn die Hunnen wieder völlig unerwartet. Allerdings wurden die Feinde durch ihre Beute daran gehindert, die Goten zu vernichten. Wenn die Hunnen hier beutebeladen auftauchten, müssen sie auf dem Heimweg gewesen sein und vorher ihren Verwüstungsfeldzug bis tief nach Muntenien hinein ausgedehnt haben. Dadurch hatten die Angreifer auch die Ernte und damit die Ernährungsbasis der Terwingen vernichtet. In dieser verzweifelten Lage boten sich die Römerfreunde und Christen als glaubwürdige Alternative an. Sie verhießen die Flucht ins Römerreich als einziges Mittel der Rettung. Der Großteil der Terwingen verließ darauf Athanarich, sein Richtertum erlosch, es blieben ihm nur seine Leute, mit denen er in die Karpaten auswich (AM XXXI 3, 1 ff.).

Vier Jahre später folgten diese Goten einer Intrige Fritigerns, der mit dem Gros der Terwingen im heutigen Bulgarien stand, und vertrieben Athanarich. Kaiser Theodosius I. nahm das Haupt der „skythischen Königssippe" mit großen Ehren auf und empfing ihn am 11. Januar 381 glanzvoll in Konstantinopel. Aber schon am 25. Januar starb der Gotenfürst. Mehr noch als sein königlicher Empfang bot das Staatsbegräbnis, das der katholische Theodosius dem Heiden Athanarich nach römischem Ritus ausrichtete, die Gelegenheit einer eindrucksvollen Demonstration der kaiserlichen Macht und Herrlichkeit, aber auch Versöhnungsbereitschaft (AM XXVII 5, 10. Zosimos IV 34, 1–4. Ambrosius, *De spiritu sancto* I prol. 17. *Getica* 142f.). Nur zwei Jahre nach Athanarich starb auch Wulfila, und zwar ebenfalls in Konstantinopel; er erhielt wie dieser ein glanzvolles Begräbnis. Mit Gesten dieser Art versuchte Theodosius, einen Ausgleich zwischen den Römern und den ins Reich aufgenommenen Goten zu schaffen. Diese haben ihn auch als „Freund des Friedens und des Gotenvolkes" in Erinnerung behalten (*Getica* 146).

Einbruch und Ansiedlung der Goten in Thrakien

Von Antiochia aus hatte Kaiser Valens im Sommer 376 den Befehl erteilt, die Terwingen unter Fritigern und Alaviv aufzunehmen. Mit kaiserlicher Erlaubnis „erhielten sie die Möglichkeit, die Donau zu überschreiten und Teile von Thrakien zu besiedeln" (AM XXXI 4, 1ff.). Offenkundig wurden die aufgenommenen Goten nicht entwaffnet, wie es römisches Recht und Brauch gewesen wäre, weil die thrakische Provinzverwaltung versagte. Tatsächlich bereitete die Aufnahme vieler zehntausender Goten große organisatorische Schwierigkeiten; ihre Bewältigung sowie die Gelegenheit, sich an den terwingischen Flüchtlingen und ihren erstaunlichen Schätzen zu bereichern, überforderten die moralischen wie administrativen Fähigkeiten der römischen Verantwortlichen. Die thrakische Regionalarmee war nicht nur schlecht geführt, sondern auch zahlenmäßig viel zu schwach, um sowohl den erlaubten Übergang der Fritigern-Goten zu begleiten wie das verbotene Überschreiten des Stroms durch andere gotische Gruppen zu verhindern. Darauf verloren die Römer zunächst den Überblick, dann entglitt ihnen das Gesetz des Handelns und schließlich herrschten Mord und Totschlag, Krieg und Verwüstung. Die wütenden Goten rannten die Regionalarmee einfach über den Haufen. Römische und barbarische Sklaven sowie Goten in römischen Diensten gingen zu Fritigern über. Die Reiter der greutungisch-alanisch-hunnischen Dreivölkerkonföderation setzten ohne kaiserliche Erlaubnis über die Donau und nahmen mit den Terwingen Verbindung auf. Schließlich mußten die Kaiser Valens und sein Neffe Gratian, der Sohn des 375 verstorbenen Valentinians I., den Gotenkrieg aufnehmen.

Während sich die „Barbaren wie wilde Bestien benahmen, die ihre Käfige zerbrochen hatten" (AM XXXI 8, 9), führte Valens die gesamte östliche Hofarmee mit 30–40 000 Mann Elitetruppen von Kleinasien nach Thrakien. Gratians Abmarsch in den Osten wurde durch einen plötzlichen Alemanneneinfall verhindert, der wertvolle Zeit kostete. Erst Anfang August 378 traf Gratian mit seinen Elitetruppen im Nordwesten des heutigen Bulgarien ein.

Zu diesem Zeitpunkt hatten sich Valens und die Mehrheit seiner Offiziere bereits mehrheitlich dafür entschieden, die Goten ohne fremde Hilfe anzugreifen: Angeblich seien die Goten bloß 10 000 Mann stark, Schlacht und Krieg schon gewonnen. Der Sprecher der besonnenen Minderheit war ein alter Reitergeneral sarmatischer Herkunft, der 366 als Gesandter bei Athanarich war und die Goten kannte. Aufgrund seiner Erfahrungen riet er dem Kaiser, unbedingt das Eintreffen der zweiten Hofarmee abzuwarten. Aber Valens, der seinem Neffen ohnehin den Erfolg über die Alemannen neidete, glaubte mehr den Schmeichlern, die an seine früheren Gotensiege und an eben gewonnene Gefechte erinnerten.

Während Gratians Vorhut in Castra Martis kampierte, wurde sie plötzlich von alanischen Reitern der Dreivölkerkonföderation angegriffen. Die Römer erlitten kaum Verluste; aber diese seltsame Blitzattacke – ein Begriff, der in den nächsten beiden Jahrhunderten zum festen Repertoire gotischer Schlachtenschilderungen zählte – schockierte die westlichen Truppen. Sie konnten nicht zurückschlagen, da der Feind in verstellter Flucht außerhalb der eigenen Reichweite operierte. Am 5. August 378 traf ein Bote Gratians in Adrianopel ein, der davon berichtete und von einem Alleingang gegen die Goten abriet.

Aber Valens bestand auf seinen Entschluß, obwohl sogar auch Fritigern mehrmals versuchte, mit „seinem" Kaiser noch einmal ins Gespräch zu kommen. Die östliche Hofarmee verließ am Morgen des 9. August 378 Adrianopel. Nach einem langen schwierigen Marsch mußten der Kaiser und seine Umgebung erkennen, daß ihre Aufklärung versagt hatte: Das Gotenheer, das sich hinter seiner Wagenburg verschanzt hatte, bestand aus einem Vielfachen von 10 000 Mann. Trotzdem sandte Fritigern nochmals einen Boten und bot letzte Verhandlungen an. Eine friedliche Lösung rückte in Reichweite. Während aber noch darüber gestritten wurde, welcher hochrangige römische Offizier die Friedensbedingungen mit Fritigern persönlich aushandeln sollte, begannen zwei römische Einheiten ohne Befehl den Kampf; ihre Disziplinlosigkeit zog das restliche Herr in regelloser Weise mit.

Der Sturmangriff der römischen Abteilungen wurde von den Goten abgewehrt, worauf sie sich zurückzogen und die kaiserliche Heeresleitung zwangen, eine Neugliederung ihrer Kräfte vorzunehmen. Obwohl dabei die Schlachtordnung vorübergehend noch mehr in Verwirrung geriet, schien das schwierige Manöver zu gelingen. Nun konnte der konzentrische Angriff der Römer auf die gotische Wagenburg beginnen. In diesem für Fritigern höchst kritischen Augenblick kehrte die greutungische Reiterei mit ihren Alanen und Hunnen von der Suche nach Verpflegung zurück und griff sofort ein. Gleichzeitig führte Fritigern seine Krieger aus der Wagenburg gegen die Römer. Während deren rechter Flügel wankte, griff eine starke greutungische Reiterabteilung die Römer im Rücken an. Von allen Seiten eingekesselt, konnten die Soldaten weder vorwärts noch zurück; viele wurden von den eigenen Kameraden getötet. Mit eiserner Disziplin drang aber der linke Flügel der kaiserlichen Truppen immer weiter vor und näherte sich der gotischen Wagenburg. Die Römer erhoben das Kriegsgeschrei, zogen ihre Schwerter und setzten zum Angriff an. In letzter Minute waren die greutungischen Reiter aber auch im Rücken des linken Flügels aufgetaucht. Die römische Kavallerie ergriff die Flucht. Die taktische Armeereserve floh. Die Schlachtreihe war nicht wieder herzustellen. Das Römerheer ging zugrunde und mit ihr der Kaiser, die meisten seiner Generäle und Stabsoffiziere. Lediglich ein Drittel der römischen Soldaten konnte entkommen, darunter die Kavallerie. Das bedeutete, daß die Legionen, damals noch die kampfstärksten Teile der römischen Armee, weitgehend vernichtet wurden. Die Katastrophe von Adrianopel bedeutete trotzdem nicht die große Wende in der abendländischen Kriegsgeschichte. Aber der 9. August 378 wurde in dreifacher Hinsicht geschichtsmächtig:

Erstens wurden – nach östlichem Vorbild – aus den unberittenen Terwingen die berittenen Goten Fritigerns und schließlich die „verreiterten" Westgoten Alarichs I., die die Lebensordnungen der eurasischen Steppen bis in den entferntesten Westen des Römerreichs brachten.

Die Schlacht von Adrianopel förderte zweitens die endgültige Christianisierung und vor allem Katholisierung des Römerreichs. Ohne die Katastrophe des arianischen Kaisers Valens und ohne die Aufnahme der arianischen Goten ins Römerreich wäre es wohl nie zu diesem römischen Solidarisierungseffekt unter Kaiser Theodosius gekommen, dem es in der Schlacht am Frigidus 394 gelang, das katholische Christentum gegen Heiden und Arianer zum Sieg zu führen.

Drittens änderte die römische Reichsregierung ihre Politik gegenüber den reichsangehörigen Barbaren. Sie mußten anerkannt und integriert werden, was neue politische, rechtliche und nicht zuletzt wirtschaftliche Maßnahmen erforderte.

Die Gotenverträge von 380/82

Nach dem Tod seines Onkels Valens bestellte Gratian den Spanier Theodosius zu dessen Nachfolger. Nachdem sich dieser erstaunlich schnell als Feldherr an der unteren Donau bewährt hatte, erhob ihn Gratian am 19. Januar 379 in der illyrischen Hauptstadt Sirmium-Sremska Mitrovica zum Mitkaiser und übertrug ihm das Ostreich bis zu den Flüssen Drina und Neretva. Zunächst war Theodosius im Kampf gegen die Goten nicht allzu erfolgreich. Aber im Jahre 380 verließen die Reiter der Dreivölkerkonföderation die Goten

Fritigerns und griffen Pannonien an. Dafür aber war Gratian zuständig, der sich mit den Eindringlingen erstaunlich rasch einigte und sie an der pannonischen Save als Föderaten ansiedelte. Die rechtliche Grundlage dafür bot der Abschluß eines Vertrags, wodurch die auf römischem Reichsboden stehenden Fremden einen besonderen Status erhielten. Dieser Vertrag war wahrscheinlich mit Theodosius abgesprochen worden, der seinerseits am 3. Oktober 382 zu einer Einigung mit den Fritigern-Goten kam: „Eine ganze Gens der Goten ergab sich mit ihrem König (Fritigern) der Romania." (*Consularia Constantinopolitana* a. 382). Bildete auch der Vertrag von 380 den Präzedenzfall für das Foedus von 382, verliert doch der jüngere Vertragsabschluß nichts von seiner Bedeutung.

Die Bestimmungen dieses Vertrags dürften folgende gewesen sein: Erstens wurden die Goten Reichsangehörige, blieben aber Fremde und erhielten als solche kein *connubium*, das heißt, kein Recht, Römer oder Römerinnen zu heiraten.

Zweitens wurde den Goten im Norden der Diözesen Dacia und Thracia, das heißt zwischen Donau und Balkangebirge, steuerfreies Siedlungsland zugeteilt, über das sie jedoch kein Eigentum, kein *dominium*, nach römischem Recht erwerben konnten.

Drittens blieb das Land zwar römisches Hoheitsgebiet, doch galten die Goten als autonom, das heißt, sie wurden von eigenen Fürsten regiert.

Viertens waren die Goten zur Waffenhilfe in römischen Diensten verpflichtet, wobei aber die eigenen Fürsten bloß subalterne Kommandos erhalten sollten. So stand der spätere König Alarich I. unter dem Oberbefehl regulärer römischer Truppenführer, als Theodosius im Jahre 394 die Ostarmee gegen den Westen aufbot.

Fünftens lebten die Goten mit den Provinzialen als Vertragspartner „unter einem Dach", eine Regelung, die offenkundig nicht auf Dauer gelten sollte und daher an die *hospitalitas* genannte römische Militäreinquartierung erinnert. Die Versorgung sollte das zugewiesene Land sichern, das die Goten selbst zu bebauen hätten; eine Lösung, der ebenfalls keine große Zukunft beschieden war und die seit dem Beginn des 5. Jahrhunderts – außer in Britannien – kaum wieder versucht wurde.

Sechstens hatten die gotischen Föderaten Anspruch auf Jahrgelder in unbekannter Höhe.

König Alarich I. (391/95–410)

Alarich war der einzige sicher bezeugte Angehörige des königlichen Geschlechts der Balthen, der „Kühnen", die nach den Amalern den zweiten Rang unter den gotischen Edlen einnahmen (*Getica* 146, vgl. 42). Er stammte aus dem Land nördlich der untersten Donau und dürfte um 370 auf die Welt gekommen sein (PLRE 2, 43 ff.). Ob und wie er mit den drei Gotenrichtern Ariarich, Aorich und Athanarich verwandt war, kann man nur vermuten. Seinen leiblichen Vater muß er früh verloren haben, weil er das Waffenhandwerk von einem Ziehvater „anstelle des Vaters" lernte. Nicht unmöglich, daß dieser Alaviv hieß, der Fritigern mindestens gleichrangig war und 377 oder bald danach gestorben sein dürfte.

Um die Jahresmitte 391 waren gotische Haufen über das Balkangebirge ins Innere Thrakiens eingedrungen. Darunter waren ebenso Goten vom rechten wie vom linken Donauufer. Der Erfolg dieses Zuges war eher bescheiden, dürfte aber Alarich das monarchische Heerkönigtum eingetragen haben. Er besaß nämlich das alleinige Mandat, mit dem Reichsfeldherrn Stilicho im Jahre 392 den Vertrag von 382 zu erneuern.

Am 5. und 6. September 394 fand am Frigidus-Wippach-Vipava, einem linken Nebenfluß des Isonzo, die denkwürdige Schlacht statt, in der Kaiser Theodosius den heidnischen Usurpator Eugenius und die Elitetruppen des Westreichs besiegte. Mit ihm siegten die thrakischen Goten. Trotzdem waren die Föderaten aufs äußerste gereizt und zur Rebellion bereit. Ihr König Alarich mochte noch so tapfer sein, der Kaiser ernannte ihn bloß zum Comes und unterstellte ihn weiterhin dem Heermeister Gainas. Dieser war Donaugote wie Alarich, hatte jedoch den Stammesverband verlassen und war geringerer Herkunft als der Balthe. Das hieß, der „bessere" Mann hatte dem „schlechteren" zu folgen, weil es der Kaiser so befahl (Zosimos V 5, 4f.). Außerdem hatte die Schlacht von den Goten einen hohen Blutzoll gefordert, und man munkelte, dies hätte Theodosius beabsichtigt. Auch wurden die gotischen Truppen nach der Schlacht nicht in ihre Heimat entlassen, obwohl hunnische Reiter das gotische Föderatenland im Winter 394 auf 395 verwüsteten. Viele daheim gebliebene Goten wurden getötet, Kinder und Frauen verschleppt. Die kampfstärksten gotischen Verbände standen aber immer noch im Raum von Mailand, als am 17. Januar 395 Kaiser Theodosius starb. Sein Tod beendete die Gültigkeit der Verträge von 382/92. Alarich und seine Krieger kehrten sofort heim, holten ihre Leute in Mösien, dem heutigen Nordbulgarien, ab und erschienen noch in der ersten Jahreshälfte 395 vor Konstantinopel.

Die Geschichte der Alarich-Goten in den folgenden 15 Jahren bis zur Einnahme Roms im Sommer 410 wäre in Einzelheiten nachzuzeichnen, da sich die zeitgenössische römische Berichterstattung aus begreiflichen Gründen ausführlich damit beschäftigte. Das dabei zu entwerfende Bild müßte jedoch verwirrend wirken, besteht es doch aus einem ständigen Hin und Her, Vorwärts und Zurück. Man hört von Kriegszügen, Beinahe-Katastrophen, geschlossenen und gebrochenen Verträgen, Zuweisungen von Land an die Föderaten samt Verleihung von höchsten Militärämtern an ihren König sowie von der Annullierung aller dieser Zusagen, insgesamt wahrlich kein „Merkstoff" für denjenigen Leser, der den Überblick zu bewahren sucht. Will man aber gerade diesen vermitteln, lassen sich folgende Punkte hervorheben:

Erstens wirkt es wie eine Vorwegnahme der Geschichte Theoderichs des Großen, daß es der östlichen Reichsregierung gelang, die Goten Alarichs, wenn auch nach schweren Verwüstungen der Balkanhalbinsel, an das Westreich loszuwerden. Bereits um 400 zeigte sich der Osten dem Westen demographisch wie ökonomisch weit überlegen, so daß auch die barbarischen Invasionen überwunden werden konnten, obwohl das römische Ostreich das erste Ziel der Einfälle gewesen war.

Zweitens lehrt die Geschichte Alarichs, daß nur eine Politik Erfolg hatte, die die ethnische Identität eines „auswärtigen Volkes", einer *externa gens*, auf römischem Reichsboden bewahren konnte. Diese Politik bestand darin, daß der von den Goten zum König erhobene Monarch zum Heermeister gemacht wurde, das heißt, daß er von der römischen Reichsregierung ein höchstes regionales, oder, wenn möglich, allgemeines Militäramt erhielt, um in dieser Eigenschaft die politisch-soziale, aber auch ökonomische Sicherung seines Volkes zu bewirken. Dazu gehörte die Zuweisung bestimmter römischer Gebiete einschließlich der Steuerleistung der Einwohner, der Provinzialen. Es ging also um Anerkennung und Integration von Nichtrömern, ohne daß diese ihre politische, rechtliche und soziale Eigentümlichkeiten aufzugeben hatten.

Alarichs großer Gegenspieler war Stilicho, Sohn eines Vandalen und einer Römerin, im Umfeld des theodosianischen Hauses aufgewachsen und mit ihm verschwägert, Reichsfeldherr und Herr nicht nur des Westens, sondern faktisch auch des Westkaisers Honorius (395–423). Stilicho beschritt den Weg der totalen Integration und löste sich von allen Stammesbindungen. Er war ein eifriger katholischer Christ und diente treu der kaiserlichen Familie. Trotzdem fiel es dem schwachen Honorius nicht besonders schwer, Stilicho in dem Augenblick aller seiner Ämter zu berauben, als er ihn loswerden wollte. Der Vandale wurde am 14. August gestürzt und am 22. August 408 hingerichtet; zahlreiche Barbaren, die in Italien lebten und sich zu assimilieren suchten, fielen der anschließenden Menschenjagd zum Opfer. Damit war die Stunde des gotischen Heerkönigs Alarich gekommen, der sich den verfolgten Barbaren als Retter anbot.

Alarich sollen sich viele zehntausend Nichtrömer angeschlossen haben, darunter die immer noch zahlreichen Überreste einer gotischen Invasion, die unter der Führung eines Radagaisus stand. Er war der Anführer eines, die Alarich-Goten wohl an Zahl übertreffenden, vornehmlich gotischen

Völkerschwarms. Dieser hatte sich nördlich der Donau gebildet und 405 versucht, ins Römerreich auszuweichen, als die Konsolidierung der hunnischen Großmacht entscheidende Fortschritte machte. Radagaisus fehlte jedoch jede Erfahrung römischer Staatlichkeit, von einer, wenn auch vorübergehenden Anerkennung durch die Reichsregierung ganz zu schweigen. Im Sommer 406 stellte Stilicho die Radagaisus-Scharen in der Nähe von Florenz, wo er sie – bezeichnenderweise – mit Hilfe von Hunnen und gotischen Alarich-Feinden vernichtete. Letztere hatten freilich ebenso wenig Zukunft wie der Sieger Stilicho und der besiegte Radagaisus.

Zum dritten hatte Alarich den Wert der römischen Verwaltung erkannt. Er wußte um die Bedeutung einer geordneten Versorgung und löste logistische Probleme, woran ein Radagaisus binnen kurzem gescheitert war. Alarich gelang jedoch weder die Begründung einer Königssippe noch die Lösung der Frage, auf welche Weise das römische Kaisertum und ein barbarisches Königtum auf Dauer miteinander versöhnt werden könnten. Allerdings war er der erste Barbarenkönig, der das höchste römische Militäramt eines Heermeisters ausübte.

Im Herbst 408 erreichte der Gotenkönig den Gipfel seiner Laufbahn. Vor Rom hatte er die Bezahlung einer gewaltigen Kontribution und den weiteren Anschluß tausender barbarischer Sklaven erzwungen. Trotzdem verweigerte Honorius die Beendigung des vertragslosen Zustands. Im Herbst 409 zog Alarich zum zweiten Mal vor Rom, wo er sich im November oder Dezember mit dem Senat darauf einigte, daß die altehrwürdige, jedoch seit langem schon machtlose Versammlung den Stadtpräfekten Attalus zum Kaiser erhob. Aber selbst diese Maßnahme erfüllte Alarichs Hoffnungen in keiner Weise. Auch als er den glücklosen Gegenkaiser wieder absetzte, konnte er sich mit Honorius nicht vergleichen, obwohl eine bereits bevorstehende Einigung einem eher zufälligen Ereignis zum Opfer fiel. Ein gotischer Alarich-Feind hatte über die Alarich-Goten einen überraschenden Erfolg erzielt, woraufhin der Westkaiser von dem geplanten Vertragsabschluß wieder zurücktrat.

Darauf zog Alarich zum dritten Mal vor Rom. Bereits am 24. August 410 drangen die Goten in die Ewige Stadt ein. Während der dreitägigen Plünderung, die der König zuließ, fielen den Goten unermeßliche Reichtümer in die Hände, darunter wohl auch Teile des jüdischen Tempelschatzes, den Titus von Jerusalem nach Rom gebracht hatte. Angeblich nahm der Alarich-Schwager Athaulf, der Befehlshaber ausgewählter Reiter, Galla Placidia, die Schwester des Kaisers, persönlich gefangen. Sie sollte später seine zweite Gemahlin werden. Die Goten gaben Rom sehr bald wieder auf und setzten ihren Marsch in den Süden fort; ihr Ziel war das kornreiche Afrika. Aber bereits die Straße von Messina bildete ein unüberwindliches Hindernis; die Goten Alarichs waren längst keine Seefahrer mehr. Darauf zogen sie sich in nördlicher Richtung zurück. Sicher ist, daß die Goten in Kampanien überwinterten und den afrikanischen Plan zunächst selbst dann nicht aufgaben, als Alarich noch vor Jahreswechsel in Bruttium starb. Das sagenhafte „Grab im Busento" erlangte einen Platz im kulturellen Gedächtnis der Europäer, in jenem der Deutschen nicht zuletzt durch die Ballade von August Graf von Platen.

Die hunnischen Goten (376–454/55)

Die meisten östlichen Goten kamen nach 376 unter die Herrschaft der Hunnen; nur eine Minderheit blieb auf der Krim zurück, während andere Gruppen um Aufnahme ins Römerreich baten oder sie erzwangen. Die hunnischen Goten aber wanderten mit ihren Herren in den Westen und siedelten sich am östlichen Rande des Karpatenbeckens an. Bis zur Schlacht am pannonischen Fluß Nedao 454/55 blieben die werdenden Ostgoten unter hunnischer Herrschaft. Sie bluteten 451 auf den Katalaunischen Feldern in einem Bruderkrieg gegen die Westgoten (*Getica* 253), starben 452 in Oberitalien an der „Pest" und mußten 453 Attila begraben, der die letzte seiner zahlreichen Hochzeitsnächte, die er mit einer von ihnen, namens Ildiko, Hildchen, der „Vorgängerin" Krimhilds beging, nicht überlebte (*Getica* 254 ff.). Aber auch am Nedao hatten die Ostgoten, die unter amalischer Führung standen, von ihrer Nibelungentreue nicht genug und verloren die Schlacht gemeinsam mit ihren hunnischen Herren. Erst danach wurden die Ostgoten ins Römerreich aufgenommen; doch folgte nur ein Teil von ihnen den drei Brüdern der Vatergeneration Theoderichs des Großen, die sich im heutigen Südungarn und Slawonien ansiedelten (*Getica* 261 ff. und 268 ff.).

In der langen Zeit der Abhängigkeit entwickelten die hunnischen Goten ein höchst zwiespältiges Verhältnis zu ihren Herren. Attila wie sein Bruder Bleda und viele andere Große des Hunnenreiches trugen gotische, während Goten hunnische Namen führten (*Getica* 58). Die Goten nahmen – wie die Burgunder, westgermanischen Thüringer, Alamannen und Bayern – den Brauch der künstlichen Schädeldeformation an, die eine Sonderstellung der Betroffenen ausdrücken sollte. Die unterworfenen Völker gebrauchten hunnische Geräte und Waffen, obwohl sie niemals die Fertigkeit ihrer Herren im Gebrauch des Reflexbogens erreichten. Man übte die in „Großskythien" bis zur Wende von 1989 bekannte Sitte, daß die Fürsten einander vor allen Leuten umarmen und küssen. Die Goten übernahmen die hunnische, hier ebenfalls in diesem Raum bis vor kurzem noch gültige Vorstellung, daß Auswanderung und Abspaltung vom Hauptstamm schwere Verbrechen seien: Wer vor den Hunnen davonlief, verachtete auch die Goten und verlor sein Amalertum (*Getica* 199). Verhandlungen zwischen Römern und Hunnen beschäftigten sich hauptsächlich mit der Forderung der Hunnenherrscher, barbarische Überläufer auszuliefern und für jeden der hunnischen Knechtschaft entflohenen Römer ein mittleres Jahreseinkommen zu zahlen, sollte er die Freiheit erhalten.

Die Goten waren den Hunnen eidlich verbunden (*Getica* 248) und blieben ihnen länger als die meisten anderen Germanenvölker treu. Gleichzeitig sehnten sie sich nach Freiheit und verschworen sich untereinander, niemals mehr den Hunnen zu dienen, wenn sie einst deren Joch abgeschüttelt hätten. Man war aber den Hunnen „irgendwie" verwandt und erzählte sich folgende Geschichte: Der gutonische Wanderkönig

Filimer habe gotische Hexen des Stammes verwiesen, worauf sie sich den bösen Geistern der Steppe hingaben und die Mütter der Hunnen wurden (*Getica* 121 f.).

Die Sage vereint drei verschiedene Zeithorizonte, einen ersten um 200, als die in die Ukraine einwandernden Gutonen wahrscheinlich „unerlaubten" schamanischen Praktiken begegneten, einen anderen am Ende des 4. Jahrhunderts, da man sich die Dämonie der neuen Feinde erklären wollte, und den letzten in der Epoche der Abhängigkeit von den Hunnen, als man sie zu Nachkommen des eigenen Stammes erklärte. So verbindet diese Geschichte das Gefühl der verwandtschaftlichen Nähe mit dem Ausdruck tiefster Abscheu.

Gotisch besaß im vielsprachigen Lager Attilas den Rang einer *lingua franca*, „sprechen doch die Skythen, ein buntes Völkergemisch, neben ihrem eigenen Dialekt entweder hunnisch, gotisch oder auch lateinisch" (Priscus frag. 8 = 11, 2, Blockley). Bleda hielt sich einen maurischen Hofnarren, dessen Späße aus einem Mischmasch von lateinischen, hunnischen und gotischen Brocken bestanden. Nicht viel anders wird die Sprache geklungen haben, der sich die Völker der Hunnen als Verständigungsmittel bedienten. Einfache Befehle, Gruß und Dank, Erweisung von Ehrenbezeugungen, Fragen nach dem Weg und deren Beantwortung müssen allen geläufig gewesen sein. Gotische Gesandte sollen im Auftrag Attilas an den Kaiserhöfen erschienen sein, und der Turkilinge Edika war einer von Attilas Ratgebern und wichtigsten Unterhändlern mit Konstantinopel. Mag er nun ein geborener Hunne gewesen sein oder nicht, Edikas Name ist germanisch, und seine weitere Karriere war die eines Begründers des kurzlebigen letzten Königtums der Skiren. Seine beiden Söhne hießen Hunulf und Odoaker, der erste „gotische" König Italiens. Der Gotenkönig Valamir, der Onkel des großen Theoderich, wie der Gepidenkönig Ardarich zählten zu den engsten Vertrauten Attilas. Sie alle waren Teilhaber der Hunnen, die als letzte über das Gold der Alten Welt geboten.

Sicher kannten die Hunnen kein Gottkönigtum. Auch am Höhepunkt seiner Herrschaft war Attila für seine Hunnen kein göttliches Wesen, mögen sich auch abhängige Völker vor ihm als dem „Größten der Götter" gefürchtet haben. Allerdings erwarteten die Römer, Attila würde nach der Eroberung des Perserreiches Anspruch auf die Weltherrschaft stellen. Dazu ist es, wenn überhaupt geplant, niemals gekommen. Es blieb die Geschichte von einem sakralen Schwert, das „heilig und verehrt bei den skythischen Königen, dem obersten Lenker der Kriege bestimmt war". In alten Zeiten ging es verloren, aber dann war eine junge Kuh beim Grasen ahnungslos darauf getreten und hatte sich verletzt. Der Hirte folgte der Blutspur, fand das Schwert, grub es aus und brachte die Waffe zu Attila. „Der König freute sich über dieses Geschenk, und ehrgeizig, wie er war, dachte er, daß er zum Herrscher über die ganze Welt berufen und ihm durch das Schwert des Mars der Sieg in allen Kriegen sicher sei" (*Getica* 183 ff.).

Eine derartige Legitimation der Herrschaft war keineswegs auf die Hunnen beschränkt; bereits Herodot hatte sie beschrieben. Die Schwert-Inkarnation ist die charakteristische Epiphanie des pontischen Kriegsgottes. Selbst die Quaden verehrten ihre Schwerter als Götter (AM XVII 12, 2 und 21). Noch die skandinavische Epik überliefert den Namen Týrfingr-Terwing als Bezeichnung für das gotische Land ebenso wie für das gotische Erbschwert. Besitz besonderer Waffen ist Legitimation der Herrschaft und kann ebenso von einem Volk auf das andere übergehen wie sie einem Volk eigentümlich bleibt. Attilas Tradition kennt Beispiele für beide Vorstellungen, das heilige Schwert wie den sakralen Bogen.

Trotz aller Verbindungen mit seinen germanischen Großen und trotz seines germanischen Namens „Väterchen" war Attila ein Hunne auch im anthropologischen Sinn. Attila wird von einem Augenzeugen in einer Weise beschrieben, die seine asiatische Abstammung bestätigt und von der unsere Vorstellung vom Aussehen der Hunnen stammt: „Kurze Gestalt, breite Brust und großer Kopf, schmale Augen, geringes, grau geflecktes Barthaar, flache Nase, dunkle Farbe, kurz alle Zeichen seiner Herkunft" (*Getica* 182). Entgegen seiner Fremdartigkeit blieb aber Attila der einzige Nichtgermane, der Aufnahme in die germanische Heldensage gefunden hat. Seine Freigebigkeit, sein Heldenmut und seine Fähigkeiten als Heerführer haben ihn zu einer Königsgestalt gemacht, an der die Heldenkönige und Königshelden der Völkerwanderungszeit gemessen und die vielleicht nur noch von einem Dietrich von Bern übertroffen wurde.

Das Tolosanische Reich (418–507)

Von Rom nach Toulouse

Als Alarich I. im Herbst 410 starb, hatte er zwar Kinder, aber keinen Sohn hinterlassen, der geeignet gewesen wäre, als gotischer Heerkönig nachzufolgen. So wurde sein Schwager Athaulf zum König des wandernden Volkes gemacht (PLRE 2, 43 und 48, sowie 176 ff.). Innerrömische Wirren erlaubten es den Goten, noch 412 das zerstörte Italien zu verlassen und nach Gallien zu gehen. Hier erhielten sie neue Versprechungen, die wieder gebrochen wurden und zu neuen Kämpfen führten; beim Sturmangriff auf Marseille wäre Athaulf fast ums Leben gekommen.

Im Januar 414 heiratete der König die Kaisertochter Galla Placidia; die Hochzeit fand im Hause eines vornehmen Römers zu Narbonne statt. Athaulf trug die Uniform eines hohen römischen Militärs. Auch die Zeremonie wurde weitgehend römisch ausgerichtet; nur am Ende gab es auch gotische Lieder. Während der Hochzeit sollen die berühmten Worte gefallen sein, wonach der Gotenkönig anfänglich die Romania durch die Gothia ersetzen wollte und als Athaulf der Gründer eines gotischen Reichs zu werden beabsichtigte, wie Augustus der Gründer des römischen Imperium war. Als aber Athaulf erkannte, daß die Goten wegen ihrer „zügellosen Barbarei" niemals ein nach römischem Recht lebendes Gemeinwesen ersetzen könnten, wollte er anstelle eines Zerstörers der Erneuerer Roms werden. Diesen Entschluß habe er unter dem Einfluß Placidias gefaßt.

Nach knapp einem Jahr gebar Galla Placidia einen Sohn, der auf den Namen Theodosius getauft wurde. Das Kind starb aber bald nach der Geburt, und wenig später wurde sein Vater Athaulf ermordet. Trotzdem ging die vierzigjährige Wanderschaft der römischen Goten zu Ende. Nach einem würdelosen Zwischenspiel wurde Valia im September 415 zum neuen Gotenkönig gewählt (dazu und zum folgenden PLRE 2, 1147f.). Dieser einigte sich noch im Frühjahr 416 mit dem Reichsfeldherrn Constantius, lieferte Galla Placidia aus und erhielt gegen Abschluß eines Foedus sowohl genügend Getreide wie den Auftrag, Spanien von inneren wie äußeren Feinden zu säubern. Die silingischen Vandalen und die in Spanien eingedrungenen Alanen verloren in schweren Kämpfen ihre Könige und schlossen sich den hasdingischen Vandalen an. Bevor sich die Goten auch gegen diese wenden konnten, wurden sie von der kaiserlichen Regierung nach Südgallien zurückberufen. Hier sollten sie seßhaft werden; doch erlebte Valia die Gründung des Tolosanischen Reiches nicht mehr.

Theoderid (418–451) und Thorismund (451–453)

Der Reichsfeldherr und Patricius Constantius, der spätere dritte Kaiser dieses Namens und Vater Valentinians III., hatte eine Stellung errungen, die ihn zum wahren Herrscher des Westens machte (PLRE 2, 321ff.). Am 17. April 418 erwirkte Constantius ein kaiserliches Gesetz, das die Versammlung der sieben südgallischen Provinzen wiederherstellte. Ihre erste Sitzung fand zwischen dem 13. August und dem 13. September 418 zu Arles statt. Dabei muß auch die Frage der gotischen Ansiedlung behandelt worden sein, und zwar in der Aquitania II sowie in einigen Stadtbezirken der benachbarten Provinzen Novempopulana und Narbonensis I, deren Hauptstadt Toulouse war und nun die der Goten werden sollte. Diese Entscheidung wurde den Römern nicht abgerungen, sondern von

Constantius verfügt. Die Goten kamen daher nicht als Eroberer ins Land, sondern auf Befehl der Reichsregierung im Einverständnis mit dem senatorischen Adel wie den Kurialen, der städtischen Mittelschicht, Südgalliens. Die gotischen Föderaten hatten die äußeren Barbaren zu bekämpfen, mehr aber die bestehende Sozialordnung gegen die einheimischen Feinde, die Bagauden, zu schützen. Auf die verheerenden Durchzüge von Vandalen, Alanen und Sueben waren Usurpationen und Aufstände gefolgt. Bei der Wiederherstellung eines römischen Gallien wurden die Westgoten gebraucht, sofern sie den Interessen seiner Führungsschicht dienten oder zu dienen schienen.

Der erste König des Gotenreiches von Toulouse war Theoderid, auch Theoderich genannt, der ohne die geringsten Schwierigkeiten Valia nachfolgte (PLRE 2, 1070 f.). Er kann bei seiner Thronbesteigung kaum mehr als 25 Jahre alt gewesen sein, weil er eine ganze Generation später noch das Gotenheer in die Völkerschlacht von 451 führte. Theoderid hatte sechs Söhne, deren Namen mit Thorismund, Theoderich, Friderich, Eurich, Retemeris (Rikimer) und Himnerith überliefert werden; außerdem hatte er noch zwei Töchter, die aber nicht namentlich bekannt sind. Ebensowenig weiß man den oder die Namen der Mutter oder Mütter dieser acht Kinder. Sicher war jedoch der zweite Sohn Theoderich (II.) ein Enkel Alarichs I. Die tolosanische Königssippe gilt daher als die Familie der jüngeren Balthen. Wahrscheinlich hatte aber nicht Theoderid selbst, sondern die Mutter Theoderichs und dessen Vollgeschwister den Eroberer von Rom zum Vater. Diese Verbindung erklärt jedenfalls das Fehlen jeder Opposition anläßlich von Theoderids Königserhebung und ebenso während der Dauer seiner Herrschaft. Der erste tolosanische Gotenkönig konnte auf das balthische Erbcharisma bauen.

Allerdings wäre Theoderid allein damit nicht weit gekommen, hätte er nicht die wirtschaftliche Absicherung seiner Goten erreicht. Ob Constantius und seine Berater an eine dauerhafte gotische Niederlassung in Aquitanien dachten oder nicht, sie schufen jedenfalls die Rahmenbedingungen, die eine beständige Lösung des Gotenproblems erlaubten. Dieses Modell führte weit über die bisherigen, stets gescheiterten Versuche hinaus, die innerrömischen Föderaten mit Hilfe der herkömmlichen Militäreinquartierung unterzubringen, aufgrund von Getreidelieferungen zu ernähren und durch Jahrgelder zu finanzieren. Das westgotische Beispiel wurde zwar in den anderen barbarisch-römischen Königreichen nicht ohne kleinere oder größere Modifikation übernommen. Aber die Burgunder in Gallien und die afrikanischen Vandalen, die britannischen Angeln und Sachsen, in Italien Odoakers Heer, Theoderichs Goten und die Langobarden, ja selbst noch die gallischen Franken haben auf der in den Jahren nach 418 erprobten Regelung aufgebaut. Diese sah im wesentlichen vor, daß die gotischen Föderaten in Gallien zwei Drittel der Steuerleistung erhielten, die das Gebiet ihrer Ansiedlung erbrachte. Im ostgotischen Italien dürfte den Fremden ein Drittel genügt haben, da sie keine neue überregionale Verwaltung errichten und finanzieren mußten.

Der Tod in der Schlacht auf den Katalaunischen Feldern war ein spektakuläres Ereignis, mit dem Theoderids Herrschaft und Leben im Sommer 451 zu Ende ging. Im Vergleich dazu ist es nur wenig, was man sonst aus seiner überlangen Regierungszeit von 33 Jahren weiß. Als der König von einem ostgotischen Speer durchbohrt wurde, hinterließ er ein Reich, das an Institutionalisierung alles übertraf, was gotische Staatlichkeit bisher zustande gebracht hatte.

Gefahr drohte seiner Gründung weder von den Römern noch von den inneren und äußeren Barbaren Galliens oder Spaniens noch von den Großen des Königreiches. Der älteste Sohn Thorismund (PLRE 2, 1115f.) wurde von allen widerspruchslos als Nachfolger des Vaters anerkannt; nicht einmal eine Wahl schien nötig. Allerdings hatte Thorismund zu viele ehrgeizige und mächtige Brüder, so daß er und seine Herrschaft nicht alt wurden. Bereits 453 wurde er von seinen Brüdern Theoderich und Friderich getötet. Der ältere der beiden wurde König, der jüngere sein Stellvertreter.

Theoderich (II.) (453–466)

Theoderich (PLRE 2, 1071 ff.) ließ seinen nächstjüngeren Bruder Friderich (PLRE 2, 484) als Vizekönig an der Herrschaft teilhaben. Dadurch nützte er dessen große militärische Fähigkeiten und hielt zugleich die drei jüngeren Brüder in Schach. Als wesentliches Merkmal seines Königtums kann die Ausbreitung und Festigung der westgotischen Herrschaft diesseits wie jenseits der Pyrenäen gelten. Dazu betätigte sich Theoderich 455 als Kaisermacher, indem er seinen ehemaligen Erzieher Avitus vom Rest der verfügbaren römischen Truppen zum Imperator akklamieren ließ. Der neue Kaiser marschierte mit dem gallischen Römerheer und gotischen Truppen nach Italien, mußte aber bald erkennen, daß seine Machtmittel für dessen Gewinnung nicht genügten. Für Konstantinopel blieb Avitus ein kleiner Usurpator am Rande der Welt, dem man keine Anerkennung schuldete. So scheiterte der „gallische Kaiser" und fand den Tod, während sein Mentor Theoderich das spanische Suebenreich zu erobern suchte.

Danach begann für Theoderich selbst eine Zeit großer Schwierigkeiten; es ging um nicht mehr und nicht weniger als um die Existenz des Tolosanischen Reiches. Der König wurde von seinem Bruder Friderich aufs beste unterstützt, obwohl der Glaube sie trennte: Theoderich war Arianer, Friderich Katholik. Als die Krise unter großen Opfern gemeistert schien, verlor Theoderich seinen treuesten Helfer Friderich 463 im Kampf gegen römische und fränkische Truppen und wurde 466 vom vierten Theoderid-Sohn Eurich ermordet.

Eurich (466–484) und Alarich II. (484–507)

Der neue König brach das römisch-gotische Foedus von 416/18 und ließ damit die Reichsangehörigkeit seines Königtums für ein knappes Jahrzehnt ruhen (PLRE 2, 427f.). Bis 466 hatte der alte Vertrag samt den jeweiligen Erneuerungen seine Aufgabe erfüllt. In zahlreichen Kämpfen gegen Bretonen, Alanen und Bagauden in Gallien und gegen Bagauden und Sueben in Spanien hatten die Gotenkönige dafür gesorgt, daß ihr Heer Beute machte und die bestehende Rechts- und Sozialordnung erhalten blieb. Für die gallische Oberschicht und die römische Reichsregierung war das Gotenheer oft die einzige Armee, die in der großgallischen Präfektur, sofern es im gotischen Interesse lag, den äußeren wie inneren Frieden wahrte. Sobald aber das westliche Kaisertum „durch den häufigen Wechsel der römischen Fürsten" (*Getica* 237) so gut wie verschwunden war, mußte sich die gotische Politik den veränderten Umständen anpassen. Kurz nach Eurichs Regierungsantritt war der Augenblick gekommen, die römische Herrschaft in Gallien zu beenden. Nur wenige Gebiete des untergehenden Westreiches leisteten der barbarischen Eroberung jedoch so hartnäckigen Widerstand wie die aquitanische Auvergne und das spanische Ebrotal. Den Kampf führte jeweils der einheimische Adel. In der Auvergne standen eine Zeitlang noch burgundische Föderaten zur Verfügung, dann mußte man sich auf die eigenen Gefolgschaften verlassen.

Eurichs Kriegsziele waren in Gallien alles Land zwischen Atlantik, Loire und Rhône, in Spanien die Anerkennung seiner uneingeschränkten Vorherrschaft. Bis 475 waren sowohl der letzte ibero-römische Widerstand gebrochen wie die Auvergne und die ganze Aquitania I gotisch geworden. Als Odoaker 476 Romulus Augustulus stürzte und sich zum König erheben ließ, überschritten Eurichs Truppen auch noch die Rhône und besetzten alles Gebiet bis zu den Seealpen.

Nun gebot der König über den bedeutendsten Nachfolgestaat des westlichen Römerreichs. Er hatte ein gallisch-spanisches Regnum geschaffen, in dem auf einer dreiviertel Million Quadratkilometern ungefähr zehn Millionen Menschen lebten. Das neue Königreich übertraf das alte Föderatenland um mehr als das Sechsfache seines Umfangs. Dieses riesige Gebiet wurde aber weder in dem 475 mit Kaiser Nepos geschlossenen Foedus noch gar 477 in dem mit König Odoaker eingegangenen Vertrag zweifelhafter Geltung aus dem Römerreich entlassen. Die vielberufene Selbständigkeit des Eurich-Reiches erfuhr keine wie immer geartete staatsrechtliche Begründung.

Man einigte sich bloß auf die Formel, wonach der Kaiser von diesem Zeitpunkt an „zufrieden war, vom Westgotenkönig Freund genannt zu werden, obwohl ihm die Anrede ‚Herr' gebühre." (Ennodius, *Vita Epifani* 88).

Zur Konsolidierung des gotischen Großreiches wäre eine entsprechende Kirchen- und Rechtspolitik nötig gewesen, die jedoch erst Eurichs Sohn und Nachfolger Alarich II. versuchte. Vor Ablauf des Jahres 484 ist Eurich zu Arles gestorben, und zwar eines natürlichen Todes, was berechtigterweise auffiel, da dies keinem zweiten tolosanischen Herrscher und insgesamt bloß wenigen Westgotenkönigen vergönnt war.

Noch am 28. Dezember 484 trat Alarich in Toulouse die Nachfolge an (PLRE 2, 49). Der neue König war jung, ungefähr ebenso alt wie sein fränkischer Gegenspieler Chlodwig. Alarichs Regierungszeit wird von der Überlieferung stiefmütterlich behandelt, und das wenige, das sie enthält, überschatten sein Schlachtentod von Vouillé und der Untergang des Tolosanischen Reiches. Schon früh galt Alarich deshalb als Schwächling, als unwürdiger Nachfolger seines Vaters, der die westgotische Großmachtstellung verspielte.

Tatsächlich ist ein solches Urteil falsch. Die großen Leistungen Alarichs II. sind eine Rechts- und Kirchenpolitik, der die Zukunft gehörte. Dem Vater Eurich war es nie gelungen, die territoriale Gliederung der gallo-römischen Kirche den westgotischen Reichsgrenzen einzufügen. Dieses Erbe suchte Alarich II. zu überwinden. Sein Breviarium, die Gesetzgebung für seine römischen Untertanen, stand in unmittelbarem Zusammenhang mit der Einberufung des gotisch-gallischen Landeskonzils von Agde. Viele Schwierigkeiten zwischen Römern und Goten waren nicht religiöser Natur, sondern waren deshalb entstanden, weil die einzelnen Diözesanen und Metropoliten ihre Sitze im Westgotenreich hatten, weite Teile ihrer Jurisdiktionsgebiete jedoch in den Regna der Franken und Burgunder lagen. Die pflichtschuldige Sorge des jeweiligen Bischofs für seinen ganzen Sprengel konnte daher leicht als Verrat an der gotischen Sache ausgelegt werden. Tatsächlich hatten rund drei Viertel der Bischöfe des gotischen Gallien entweder persönlich an der Synode von Agde teilgenommen oder sich vertreten lassen; am 10. September 506 wurden die Protokolle der Kirchenversammlung unterzeichnet. Im kommenden Jahr wollte man einander in Toulouse wieder treffen; diesmal sollten auch die spanischen Bischöfe dabei sein. Das gallische Landeskonzil hätte sich dort zum westgotischen Reichskonzil erweitert. Die fränkische Invasion machte den Plan zunichte; trotzdem blieb Agde richtungweisend, und selbst der siegreiche Frankenkönig Chlodwig sollte daraus seine Lehren ziehen.

Als Chlodwig 486 oder 487 das Reich des Römerkönigs Syagrius angriff, kamen die Franken zum erstenmal in bedrohliche Nähe der gotischen Grenzen. Syagrius fand Exil in Toulouse. Spätestens im Jahre 490 kämpften die Westgoten in Italien, um Theoderich dem Großen gegen Odoaker beizustehen. Entweder damals oder erst 502, als Alarich II. und Chlodwig bei Amboise „Freundschaft" schlossen, könnte die schändliche Auslieferung des Syagrius erfolgt sein.

Die westliche Reichsregierung hatte die Iberische Halbinsel seit langem sich selbst überlassen. Im Nordwesten gab es die einheimischen Basken und das Reich der Sueben, die am Beginn des 5. Jahrhunderts mit Vandalen und Alanen ins Land gekommen waren. Den überwiegenden Teil der Halbinsel beanspruchten jedoch die Westgoten, die hier seit vielen Jahrzehnten Beutekriege gegen die römische Provinzialbevölkerung geführt hatten. Erst knapp vor 500 änderte sich die tolosanische Politik: In den Jahren 494 und 497 erfolgten die ersten westgotischen Einwanderungen in Spanien. Vor 496 hatten die Franken zum ersten Mal die Loire überschritten. Im Jahre 498, kurz nachdem die zweite gotische Siedlungswelle Spanien erreicht hatte, besetzten die Franken sogar Bordeaux. Zuvor waren schwere Unruhen im spanischen Ebrotal mit unbeschreiblicher Härte niedergeschlagen worden. Ein Jahrzehnt später flammten sie im Raum von Tortosa wieder auf. Möglicherweise versuchten regionale Gruppen der Mittel- und Unterschicht, sich gegen die gotischen Neuankömmlinge zu wehren. Diese waren nämlich große Herren – die ärmeren Goten blieben in Gallien zurück – und verstärkten den Druck der einheimischen Latifundienbesitzer.

Alarich II. hatte sehr wohl erkannt, daß ihm von den Franken die größte Gefahr drohte. Daher versuchte er die Burgunder gegen die nördlichen Nachbarn zu mobilisieren. Allerdings scheint der König die Wirtschaftskraft seines Herrschaftsbereichs überfordert zu haben, da er sich mit der Ausgabe minderwärtiger Münzen neue Einnahmen verschaffen mußte. Auch bemängelte Theoderich der Große am Beginn des westgotisch-fränkischen Kriegs die Schlagkraft des tolosanischen Heeres. Alarich wußte um seine schwierige Lage; doch zwangen ihn die Großen, in offener Feldschlacht Widerstand zu leisten. Bei Vouillé, auf den Vogladensischen Feldern in der Nähe von Poitiers, stießen die beiden Heere im Spätsommer 507 unter Führung ihrer Könige aufeinander. Alarich II. fiel, angeblich von Chlodwig eigenhändig erschlagen. Die Truppen seines amalischen Schwiegervaters hatten zu diesem Zeitpunkt noch nicht einmal den Einberufungsbefehl erhalten; das Ostgotenheer wurde erst im Sommer 508 mobilisiert.

Pionierleistung und gescheiterter Ausgleich

In seiner hundertjährigen Geschichte wurde das Tolosanische Reich auf vielen Gebieten des politisch-rechtlichen Lebens zum Vorbild der jüngeren Königreiche Galliens wie Spaniens. Die tolosanischen Könige waren die ersten, die als Gesetzgeber auftraten, deren Kodifikationen den Sieg des römischen Vulgarrechts und die endgültige Abkehr von der Rechtsentwicklung des kaiserlichen Ostens bewirkten. Das römische Vulgarrecht unterschied sich vom klassischen Juristenrecht durch seine starke Tendenz zur Vereinfachung und zur Anpassung an die Gegebenheiten und Notwendigkeiten des „Kleinen Raums". Bereits Theoderid mußte erb- und vermögensrechtliche Bestimmungen in schriftlicher Form erlassen, die sein zweiter Sohn Theoderich erweiterte und vielleicht schon sein vierter Sohn zum berühmten Codex Euricianus ausbaute. Ob von diesem Eurich oder erst von dessen Sohn Alarich II.

kodifiziert, dieses Gesetzeswerk wirkte noch im 8. Jahrhundert als Vorbild des alamannischen wie des bayerischen Rechts.

Das im *Codex Euricianus* niedergelegte Recht wurde spätestens am Beginn des 6. Jahrhunderts zum personalen Recht der Goten. Diesem gegenüber stand das sogenannte *Breviarium Alaricianum*, das von Alarich II. wohl am 2. Februar 506 promulgiert wurde und das römische Recht unter den Goten, die *Lex Romana Visigothorum*, enthielt. Der *Codex Euricianus* und das *Breviarium Alaricianum* stehen als Pionierleistung an Bedeutung und Nachwirkung der Bibelübersetzung Wulfilas in nichts nach.

Zu regeln waren Streitfragen, die sich aus dem Zusammenleben zwischen Römern und Goten ergaben, dann Verwahrung, Leihe, Kauf und Schenkung. Den Goten wurden auch so wichtige Einrichtungen vermittelt wie das Testament, das verzinsliche Darlehen und der Gebrauch von Urkunden, ausgestellt von Privatpersonen ebenso wie vom König. Form und Formeln der westgotischen Königsurkunden sind weitgehend unbekannt. Es besteht jedoch die größte Wahrscheinlichkeit, daß die ungleich besser überlieferte merowingische Königsurkunde vom westgotischen Vorbild borgte. Demnach hätten die tolosanischen Goten – anders als die Vandalen, Odoaker und Theoderich der Große – nicht die kaiserlichen, sondern die Urkunden der gallischen Hochbürokratie zum Vorbild genommen. Damit stimmt überein, daß die Manifestationen des barbarisch-römischen Königtums nicht den kaiserlichen Triumph, sondern die Selbstdarstellung erfolgreicher Provinzgeneräle nachahmten.

Bereits die Rechtsquellen der Zeit um 475 kennen bloß Goten und Romanen, obwohl beide Völker selbst wiederum aus einer Vielfalt von religiösen und politischen Gruppen bestanden. So gab es unter den Westgoten auch Angehörige der vor den Hunnen geflohenen Ostgoten, Taifalen, die an der Donau mit den Terwingen vergesellschaftet waren, baltische Galinden, thrakische Bessen, Sarmaten, Alanen und Vandalen, Varnen und Sueben, ja selbst Sachsen und Bretonen.

Die Römer wurden nach religiösen Gesichtspunkten als gallisch-spanische Provinzialen, als Syrer, Griechen und Juden unterschieden. Zu den Römern im rechtlichen Sinn zählten alle vier Gruppen und daher auch die Juden. Erst im Laufe des 6. Jahrhunderts wurden die letzteren nicht mehr als Römer verstanden, weil man allen Nichtchristen ihr Römertum absprach. Die östlichen Christen standen gemeinsam mit den einheimischen katholischen Römern den arianischen Goten gegenüber. So herrschte im persönlichen Verkehr zwischen Römern und Goten noch lange das Gefühl der Fremdheit. Trotzdem hatten Römer seit jeher mit den Goten zusammengearbeitet. Neben dem Kollaborateur und Geschäftemacher versuchte der schwache Mitläufer, den „gotischen Frieden" zu unterstützen (Paulinus von Pella, *Eucharisticos* v. 303 ff.), um das Ärgste zu verhindern. Wer jedoch die Lage klar analysierte, mußte erkennen, daß er sich einer Illusion hingab, wenn er mit gotischer Hilfe das Reich zu retten hoffte.

Die römische Identität konnte man nicht zuletzt mit und in der Kirche erhalten. Es blieb den Menschen nur zu oft die Wahl, „entweder die Locken (den weltlichen Stand) oder die Heimat zu verlieren" (Sidonius Apollinaris, *Epistulae* II 1, 4), trat man nicht in den Dienst des Gotenkönigs. Kein Wunder, daß die Zahl der römischen Zivilbeamten wie der hohen Militärs stark zunahm, die als Beauftragte König Eurichs wirkten. Zumindest drei römische Kommandanten haben ihre Karrieren als hohe und höchste gotische Truppenführer fortgesetzt. Römer standen an der Spitze der Zentralverwaltung, die der rasch wachsende Staat Eurichs und Alarichs II. benötigte und zu entwickeln hatte. Ein Römer befehligte die gotische Atlantik-Flotte. Es hatte wieder Sinn zu kämpfen, da man „unter dem Zeichen eines stets siegreichen Volkes" keineswegs auf verlorenem Posten stand (Sidonius Apollinaris, *Epistulae* VIII 6, 16).

Toulouse war aber auch schon in der Frühzeit des Königtums Treffpunkt gallischer Großer gewesen. Nur kurze Zeit nach der gotischen Niederlassung nahm der spätere Kaiser Avitus seine Beziehungen zu Theoderid auf. Der arvernische

Adelige durfte den König als seinen Freund bezeichnen, der ihm die römische Erziehung seines Sohnes Theoderich anvertraut hatte. Am Ende des Tolosanischen Reiches kämpfte der Sidonius-Sohn und Avitus-Enkel Apollinaris mit seinen Freunden auf seiten der Goten gegen die Franken. Nach der Schlacht von Vouillé mußte ein merowingischer Königssohn eigens die Auvergne „besuchen", um sie dem Frankenreich anzuschließen. Man fügte sich nicht ohne Widerstand dem Wandel der Dinge, sondern wollte nach dem Ende der Gotenherrschaft gotisch bleiben, wie man einst den Eurich-Goten gegenüber sein Römertum verteidigt hatte. Der Widerstand der Auvergne zahlte sich auch am Beginn der Frankenzeit aus; die Arverner bewahrten ihre Selbständigkeit, wie sie es gewohnt waren.

Theoderich der Große (451–526)

Kindheit und Jugend

Hunnische Krieger hatten 456 Theoderichs Onkel Valamir so überraschend angegriffen, daß er ohne die Hilfe seiner beiden Brüder Thiudimir und Vidimir kämpfen mußte. Trotzdem errang der Amaler den Sieg über die Hunnen, „die auf die abgefallenen Goten wie auf entlaufene Sklaven Jagd machten" (*Getica* 268 f.). An dem Tag, an dem die Botschaft vom Sieg Valamirs bei Thiudimir eintraf, wurde angeblich dessen Sohn Theoderich geboren (PLRE 2, 1077 ff.). Das kann aber nicht stimmen, weil er schon 459, das heißt drei Jahre später, als Achtjähriger nach Konstantinopel geschickt wurde. Läßt man aber Theoderich fünf Jahre älter und bereits 451 geboren sein, wäre die hunnische Niederlage, die bei seiner Geburt gemeldet wurde, die Schlacht auf den Katalaunischen Feldern gewesen. Damals befanden sich die drei amalischen Brüder Valamir, Thiudimir und Vidimir auf hunnischer Seite unter den Verlierern, so daß die gotische Überlieferung Grund genug hatte, das Geburtsjahr Theoderichs zu verschieben, um die Pointe zu wahren. Das Geburtsjahr entscheidet freilich auch über den Geburtsort: Kam Theoderich schon 451 zur Welt, muß dies im heutigen Siebenbürgen geschehen sein; fünf Jahre später lebten die Valamir-Goten bereits als Föderaten in Pannonien, und der kleine Amaler war von Geburt an zwar kein römischer Bürger, aber Reichsangehöriger.

Byzantinische und von ihnen abhängige Quellen nennen ihn den Sohn Valamirs. Dafür gibt es zwei Gründe: Valamir war die längste Zeit Oberherr und König der pannonischen Goten, während Thiudimir bloß für etwa vier Jahre dem älteren Bruder nachfolgen konnte und der jüngste Onkel Vidimir mit seinem gleichnamigen Sohn überhaupt den Stammesverband verließ. Außerdem beerbte Theoderich den ohne männliche Nachkommenschaft gebliebenen Valamir in dessen Teilreich. Tatsächlich war aber Theoderichs Vater der mittlere Bruder Thiudimir. Theoderichs Mutter hieß Ereleuva-Erelieva und überlebte Thiudimir um Jahrzehnte; sie folgte ihrem Sohn nach Italien, wo sie als Königin galt. Spätestens zu diesem Zeitpunkt war sie Katholikin, die in der Taufe den Namen Eusebia erhalten hatte. Die Überlieferung nennt sie Thiudimirs *concubina*, was nur so viel heißt, daß die Ehe der Eltern Theoderichs nicht vollgültig war. Vielleicht bestand zwischen ihnen ein religiöser Gegensatz – Thiudimir war Arianer. Vielleicht waren sie verschiedener ethnischer Herkunft. Die Möglichkeit, daß Theoderich wie auch der Vandalenkönig Geiserich eine Mutter provinzialrömischer Herkunft hatte, wirkt nicht unwahrscheinlich. Theoderich hatte zwei Schwestern und einen Bruder. Letzterer hieß Thiudimund und war alles andere als ein Held. Von den beiden Schwestern ist nur der Name von Amalafrida gesichert. Von einer namentlich unbekannten Frau hatte Theoderich zwei Töchter. In zweiter Ehe heiratete der Amaler die Merowingerin Audofleda, die Schwester des Frankenkönigs Chlodwig, die ihm die Erbtochter Amalasuintha gebar. Schließlich hatte der töchterreiche Theoderich noch weiteren weiblichen Nachwuchs von unbekannten Frauen, aber keinen einzigen Sohn.

Theoderich war ein kleines Kind, als seine Familie, die sich auf amalisch-ostrogothische Traditionen berief, die Herrschaft über diejenigen Goten ausübte, die als römische Föderaten an der mittleren Donau saßen. In den Monaten vor dem Februar 457 hatten die drei Amalerbrüder Valamir, Thiudimir und Vidimir mit Konstantinopel einen Vertrag geschlossen, der es ihren Leuten erlaubte, sich im südlichen Pannonien niederzulassen. Die gotischen Siedlungsgebiete erstreckten sich in einem Halbmond vom Südufer des Plattensees bis in die Umgebung des heutigen Belgrad.

Als Achtjähriger kam Theoderich nach Konstantinopel, um den Frieden, den die Reichsregierung 459/60 mit den pannonischen Goten erneuert hatte, zu garantieren. Hier blieb er von etwa 459 bis gegen 469; das heißt, er verbrachte seine Kindheit und Jugend bis zum achtzehnten Lebensjahr in der Kaiserstadt. Es bedarf keiner entwicklungspsychologischen Spezialkenntnisse, um zu verstehen, wie sehr der junge Königssohn von diesem Aufenthalt geprägt wurde. Am kaiserlichen Hof erlebte das heranwachsende Gotenkind all das, was man aus der allgemeinen Geschichte weiß. Für die gotische Geisel war die Zeit in der Fremde die besten Lernjahre. Als er bereits König von Italien war, schrieb Theoderich nach Konstantinopel, „er habe im Staat der Kaiser mit göttlicher Hilfe gelernt, wie man gerecht über Römer herrsche" (*Variae* I 1, 3). Auch durfte man den König an dessen Kindheit mit den Worten erinnern: „Das Kommende vorausahnend, erzog dich Griechenland im Schoße des durch Recht geschützten öffentlichen Lebens, *in gremio civilitatis*" *(Panegyricus* 11). Der junge Theoderich hat in Konstantinopel zwar keine großartige rhetorische Bildung genossen; aber er muß hier wenigstens Lesen, Schreiben und Rechnen gelernt und sich damit die Grundzüge der antiken Verwaltungspraxis angeeignet haben. Daß er Analphabet war und für seine Unterschrift eine Schablone mit den vier Buchstaben *legi*, „ich habe gelesen", gebrauchte, ist nichts anderes als eine Wiederholung des Vorwurfs, der gegen Justinus, den illyrischen Bauern auf dem Kaiserthron Konstantinopels, erhoben wurde. Die griechische

Überlieferung bringt Theoderichs Aufenthalt in Konstantinopel und dessen literarische Bildung ursächlich zusammen.

In der Kaiserstadt sah der junge Theoderich den Reichsfeldherrn Aspar auf dem Gipfel seiner Macht und Herrlichkeit. Der Patrizius und Heermeister war alanisch-gotischer Herkunft; seine Hausmacht bestand vorwiegend aus gotischen Kriegern, unter denen ein anderer Theoderich den ersten Rang einnahm. Dieser Theoderich Strabo, der „Schieler", war Aspars Schwager und Unterbefehlshaber. Der pannonische Theoderich genoß am Kaiserhof die gotenfreundliche Atmosphäre, die Aspar und sein Anhang verbreiteten und garantierten. Bleibend war der Eindruck, den das Beispiel des Alanen auf Theoderich machte; noch als italischer Gotenkönig erinnerte er an einen Ausspruch, mit dem der Arianer Aspar dem Senat gegenüber seine Ablehnung begründet hatte, zum Kaiser erhoben zu werden. Andrerseits muß Theoderich, der Sohn Thiudimirs, in Konstantinopel auch gelernt haben, die amalische Konkurrenzfamilie des schielenden Theoderich zu fürchten und zu hassen. Solange sie hier das Sagen hatte, blieb seinen Leuten daheim in Pannonien nur die Rolle der armen Verwandten, geduldet zwar und geschont, aber ferngehalten von den Hebeln der Macht.

Dann kam das Jahr 469; gegen den Willen Aspars sollte in Ost und West der große Krieg gegen die Goten, gegen das „Gift des Staates" (Merobaudes, *Panegyricus* I frag. II B v. 18), geführt werden. Aber die Goten waren weder in Ost noch West zu besiegen. Als Zeichen seiner Friedensbereitschaft entließ der Kaiser den jungen Theoderich in die Heimat. Hier folgte er dem Onkel in dessen Reichsteil im unteren Slawonien nach. Gleichzeitig ging die Oberhoheit über die drei pannonischen Gotenreiche auf Theoderichs Vater Thiudimir über. Bereits 470 unternahm Theoderich mit seinen Gotenkriegern – ohne Wissen und wohl auch gegen den Willen des Vaters – einen ersten erfolgreichen Kriegszug. Ein König der Theiß-Sarmaten hatte Singidunum-Belgrad auf Kosten Konstantinopels seiner Herrschaft unterworfen. Theoderich ging mit 6000 Mann, der Streitmacht seines Stammesdrittels, über die Donau, griff die sarmatische Hauptmacht an, schlug und tötete den König, worauf sich auch Singidunum ergab. Ob damals zum König akklamiert oder nicht, auf jeden Fall feierte Theoderich sein dreißigjähriges Herrschaftsjubiläum im Jahre 500, so daß er – zumindest rückwirkend – den Beginn seines Königtums von jenem Erfolg des Jahres 471 herleitete.

Mit und gegen das Reich

In der zweiten Jahreshälfte 473 verließen die Amaler mit ihren Völkern Pannonien: Der jüngere Bruder Vidimir ging mit seinem gleichnamigen Sohn nach Italien, der ältere Bruder Thiudimir und dessen Sohn Theoderich verlegten ihr Föderatenreich von der Donau nach Makedonien. Hier starb Thiudimir im Jahre 474; seine Goten folgten der Designation und erhoben Theoderich zu ihrem König. Bald nach 474, jedenfalls noch vor 476, gab Theoderich seine makedonischen Stützpunkte auf und marschierte mit seinen Leuten wieder an die Donau, diesmal nach Niedermösien. Zentrum dieses zweiten Versuchs einer Reichsbildung wurde das strategisch günstig gelegene Novae-Sviŝtov, wo sich Theoderich mit Unterbrechungen bis 488 aufhielt, als er mit seinen Goten nach Italien zog.

Die zwölf ereignisreichen Jahre zwischen 476 und 488 sind erstaunlich gut überliefert, und dennoch wird der Historiker dieses Reichtums nicht froh. Die Quellen berichten von einem verwirrenden Hin und Her, Auf und Ab, einmal von der Nähe Theoderichs zur Reichsgewalt, dann wieder von seiner totalen Isolierung. Soviel ist jedenfalls als Ergebnis der gotischen Züge „durch die Schluchten des Balkans" zu erkennen: Der Sohn Thiudimirs überdauerte den schielenden Theoderich, der 481 bei einem lächerlichen Unfall ums Leben kam. Er wurde 476 der Waffensohn des Kaisers Zenon, trat am 1. Januar 484 in Konstantinopel den Konsulat an, weshalb er spätestens zu diesem Zeitpunkt römischer Bürger war, übte 476/78 und 483 bis 487 das oberste Heermeisteramt aus, wofür ihm die Funktionsbezeichnung Patrizius zustand. Trotz aller dieser Ehren, verließ Theoderich mit seinen Goten die Balkanhalbinsel und hatte gute Gründe dafür. Der Gotenkönig sah sich der kaiserlichen Macht auf die Dauer nicht gewachsen. Gegen ihn arbeitete die Zeit, die Zenons Verbündete war. Blieb Theoderich ohne Erfolg, das heißt, konnte er Rang und Status seiner Leute nicht sichern, würden sie ihn verlassen, und ein unrühmliches Ende wäre ihm gewiß.

Indem Theoderich der kaiserlichen Weisung gemäß gegen Odoaker zog, diente er zwar weiter der Schaukelpolitik Zenons; aber er bekam endlich die Chance der Unabhängigkeit von der kaiserlichen Staatskasse. Nach mindestens vier vergeblichen Versuchen schien die Möglichkeit einer dauerhaften Reichsbildung zum ersten Mal in greifbare Nähe gerückt. Von nun an konnte sich Theoderich darauf berufen, daß „er nach der Besiegung Odoakers für seine Mühen an der Stelle des Kaisers, bis dieser dorthin (nach Italien) komme, herrschen solle" (AV II 49). Diese Formel begründete sowohl Theoderichs innenpolitische Legitimierung als Herrn der römischen Verwaltung wie des Heeres, als auch seinen Vorrang im gesamten Westreich. Aus gegebenem Anlaß, wohl als Reaktion auf die Anerkennung des Frankenkönigs Chlodwig durch Konstantinopel, versuchte Theoderich im Jahre 508, dem Kaiser gegenüber sein italisch-gotisches Regnum als einen – ebenso unabhängigen wie nachgeordneten – Teil des einzigen Römerreiches darzustellen. So weit Theoderich dem Kaiser im Rang nachstehe, so weit überrage er die anderen Gentes und ihre Könige (*Variae* I 1).

In diesem Sinne wurden Theoderich Statuen aufgestellt, die Römer akklamierten ihn als ihren Herrn, nannten ihn mitunter sogar Augustus und verglichen ihn mit den Kaisern Trajan oder Valentinian. Daher war der Gotenkönig „der Tat nach ein wahrer Kaiser" (BG I 1, 29), ein *princeps Romanus*, der die römischen Imperatoren als seine Vorgänger bezeichnete (*Variae* III 16, 3, und V 14, 7). Deshalb mußte er seine Herrschaft von Konstantinopel anerkennen lassen, sollte sie nicht als *praesumptio regni*, als Usurpation, gelten (AV II 64). Im Jahre 497 erhielt schließlich Theoderich die kaiserliche Anerkennung in einer Form, die zu seinen Lebzeiten nichts zu wünschen übrig ließ.

Selbst als Belisar das italische Gotenreich angriff, urteilte sein Sekretär Prokop noch durchaus im vorjustinianischen Sinne über den toten Theoderich: „Hierauf (nach der Ermordung Odoakers) gewann Theoderich die überlebenden feindlichen Barbaren für sich, so daß er nun unangefochten die Herrschaft über Goten und Italiker ausübte. Die Insignien und den Titel eines Kaisers der Römer anzunehmen, lehnte er ab. Zeitlebens ließ er sich nur als *rhix-rex* bezeichnen, wie die Barbaren ihre Herrscher zu nennen pflegen, regierte aber über seine Untertanen mit allen Eigenschaften, die jemandem zukommen, der von Natur aus Kaiser ist. Nachdrücklich sorgte er für Gerechtigkeit und wahrte die Gesetze; er schützte das Land vor den benachbarten Barbaren und bewies höchste Klugheit und Tapferkeit. Seinen Untertanen tat er fast nie ein Unrecht an und ließ es auch von keinem anderen zu, außer daß die Goten unter sich (die Steuern) der Landlose, *sortes*, verteilten, die Odoaker seinen eigenen Leuten gegeben hatte. So war Theoderich dem Namen nach ein Usurpator, der Tat nach ein wahrer Kaiser und stand keinem seiner berühmten Vorgänger in irgendeiner Weise nach. Die Goten und Italiker liebten ihn daher sehr, was sonst nicht menschliche Art ist ... Theoderich starb nach 37jähriger Regierung, ein Schrecken aller seiner Feinde, doch tief betrauert von seinen Untertanen." (BG I 1, 25–39).

Theoderich war als römischer Bürger ein Flavius; er wurde nach dem Sieg über Odoaker der monarchische Herrscher Italiens und führte den lateinischen Königstitel *Flavius rex*. Nachdem Justinus 518 die Herrschaft angetreten hatte, erkannte auch der neue Kaiser die Verträge mit Theoderich an und war darüber hinaus bereit, eine auf der amalischen Legitimität beruhende Erbfolgeordnung zu garantieren. Justinus adoptierte den Amaler und königlichen Schwiegersohn Eutharich als Waffensohn, verlieh ihm das römische Bürgerrecht und trat mit dem Flavius Eutharicus Cilliga im Jahre 519 den gemeinsamen Konsulat an. Die Legitimierung der Nachfolge stand somit in einer Goten wie Römern klaren Entscheidung fest. Sie umfaßte alle Elemente von Theoderichs eigenem Königtum, nämlich Designation durch den Vorgänger, Adoption durch den Kaiser, Verleihung von Bürgerrecht und Konsulat.

Origo et religio – Herkunft und Religion

Theoderich war davon überzeugt, in „übermenschlicher" Weise aus der Schar der Sterblichen hervorgehoben zu sein (vgl. *Getica* 78 f.). Dieses Wissen um seine Vorfahren verband der heranwachsende Theoderich mit einem arianischen Christentum, das bereits sein Vater bekannte. Die gotisch-arianische Konfession und Verfassung, die *lex Gothica*, erlebte im italischen Reich Theoderichs des Großen ihre Blütezeit. Sie ist jedoch ohne ihre lateinischen und griechischen Wurzeln ebensowenig denkbar wie ohne ihren Gegensatz zum katholisch-römischen Christentum. Vielfach sind auch Übergänge von einer Konfession zur anderen bezeugt. Der Weg blieb keine Einbahnstraße, wurde jedoch eher von Goten als von Römern beschritten. Theoderich war Arianer und ließ dennoch die Katholiken gelten. „War er auch Anhänger der arianischen Sekte, unternahm er doch nichts gegen den katholischen Glauben." (AV II 60). Anläßlich seines Rombesuches habe Theoderich im Jahre 500 den Apostelfürsten Petrus „in tiefster Ehrfurcht geehrt, als sei er selbst Katholik gewesen" (Ebendort II 65).

Das Ökumenische Konzil von Chalkedon hatte 451 keinen Frieden gebracht; vordergründig ging der Streit um die Natur Christi. Der Westen bezichtigte den Osten, den Monophysitismus, die Lehre von der einen, bloß göttlichen Natur des Erlösers zu vertreten. Vor allem aber wendete sich Rom gegen den Primat des Patriarchats von Konstantinopel. Außerdem bestritten Männer auf dem Thron Petri, wie der gewaltige Papst Gelasius, das Recht des Kaisers, in Glaubensfragen letzte Instanz zu sein. Erst unter dem Einfluß des späteren Justinian I. suchte sein Onkel Justinus den Ausgleich mit Rom, seinem senatorischen Adel und dem Papsttum.

Bisher hatte die Mehrheit der orthodoxen Führungsschicht Italiens den gotischen Herrn Ravennas unterstützt. Die notgedrungene Toleranz des arianischen Gotenkönigs wurde dem kaiserlichen Kirchenregiment Konstantinopels vorgezogen. Mit der Aussöhnung zwischen Ost und West fiel die gotische Alternative. Dabei hatte Theoderich stets die päpstliche Seite ergriffen und dafür selbst die Verzögerung seiner Anerkennung durch den Kaiser in Kauf genommen. Der König mußte wissen, welche Chance ihm der Gegensatz der beiden katholischen Mächte bot; dennoch förderte der Gotenkönig alle Versuche, den Streit zu beenden.

Theoderich ging mit größter Behutsamkeit in dieser langwierigen Auseinandersetzung vor, berief sich auf Aspars Weigerung, als Arianer zum Kaiser ausgerufen zu werden, um sich vor dem Verlangen zu schützen, als Schiedsrichter eingreifen zu müssen. „Wenn Ihr nach meiner Meinung fragt – was Gott im Evangelium befiehlt, das befolgt." „Es ist allein Eure Aufgabe, Senat, Klerus und Volk zu befrieden. Was Ihr urteilt, das schreibt. Wir werden bestätigen, daß Ihr eine gute Ordnung macht, wenn Ihr dem Volk, dem Senat und dem Klerus den Frieden gebt. Wenn Ihr das nicht zustande bringt, zeigt Ihr damit, daß Ihr bloß eine Partei unterstützt. Meine Person dürft Ihr nicht fürchten, da Ihr vor Gottes Antlitz einst Rechenschaft zu geben habt. Und wollte Euch einer mit Gewalt zu einem Unrecht zwingen, so habt Ihr nicht Eure Güter und Vorteile zu wahren, sondern das Recht. Denn viele Bischöfe sowohl Euren wie unseren Bekenntnisses haben für die Sache Gottes Amt und Besitz aufs Spiel gesetzt und leben doch." (MGH Auctores antiquissimi 12, 425).

Diese Worte hielt Theoderich den im Jahre 501 in Rom versammelten Vätern vor und betonte damit auch mittelbar die Gleichrangigkeit katholischer wie arianischer Bischöfe. Selbstverständich war der König das Herz der arianischen Kirche. Die Früchte seiner Bemühungen und der von ihm geschaffenen Voraussetzungen zählen heute noch zu den schönsten und wertvollsten Leistungen des europäischen Geistes.

Theoderichs Hauptstadt Ravenna erlebte eine großartige Bautätigkeit: Das arianische Baptisterium, das heutige Oratorium Santa Maria in Cosmedin, folgte dem Beispiel des orthodoxen Taufhauses San Giovanni in fonte nahe der Kathedrale. Hingegen ist die Hofkirche, heute San Apollinare nuovo, das wohl prachtvollste Zeugnis eines arianischen Sakralbaus, eine Generation älter als die katholische Kirche San Apollinare in Classe. Außerdem standen in Ravenna die arianischen Kirchen San Andrea dei Goti sowie die des heiligen Georg, der heiligen Anastasia, aber auch eine Eusebius-Kirche, als deren Erbauer ein Bischof Unimund überliefert wird. Auf dem Weg nach Classis, wo eine arianische Zenonkirche stand, errichteten die Goten eine dem heiligen Sergius geweihte Kirche zu Caesarea, in der dritten Ravenna-Stadt. An allen drei Orten residierten arianische Bischöfe; im eigentlichen Ravenna diente die heute noch erhaltene, wenn auch ihres Mosaikschmucks beraubte Theodorus-Kirche als Sitz eines Gotenbischofs; nachweisbar hat Theoderich sie erbaut. Sicher gab es auch zwei arianische Kirchen in Rom; vielleicht lassen sich eine Bischofskirche und ein Baptisterium im dalmatinischen Salona beim heutigen Split erschließen.

Zu den glanzvollsten Zeugnissen des ostgotischen Arianismus zählt auch der berühmte Codex Argenteus. Die wundervolle Prunkhandschrift liegt heute in der Universitätsbibliothek zu Uppsala. Auf purpurgefärbtem Pergament, hergestellt aus der Haut junger oder noch ungeborener Kälber, wurde Wulfilas gotische Übersetzung der Heiligen Schrift mit silberner, für Einzelheiten wie die Evangelistennamen sogar mit goldener Tinte geschrieben. Die Buchstaben sind von auffallender Regelmäßigkeit; sie wirken wie nach einer Schablone gezogen. Der Schriftspiegel ist nach dem goldenen Schnitt geordnet; die der Konkordanz dienenden Kanontafeln erinnern an die ravennatische Kirchenarchitektur.

Die Silberbibel mit ihren ehemals 336 Blättern, von denen noch 188 vorhanden sind, ist zwar nicht der einzige erhaltene Text in gotischer Sprache, aber doch der bei weitem ausführlichste. Auch der Großteil der sonstigen gotischen Bibelüberlieferung stammt aus dem Italien Theoderichs. Es besteht große Wahrscheinlichkeit, daß der Codex Argenteus ursprünglich zum königlichen Schatz gehörte, vor 540 nach Pavia gerettet wurde, von wo ihn Totila nach dem süditalienischen Cumae verlagerte. Bei der Kapitulation der Festung im Jahre 553 geriet die Silberbibel nicht in kaiserliche Hände, sondern blieb aus unbekannten Gründen im Süden, bis die Handschrift ins karolingische Deutschland kam. Das weitere Schicksal des Codex Argenteus ist gut bekannt und zählt zu den faszinierendsten Kapiteln der Buchgeschichte.

Ausschaltung der nichtrömischen Konkurrenz

Wie der Dietrich von Bern der Heldensage nicht Römer oder Hunnen, sondern Germanen bekämpfte, so hat auch der historische Theoderich die heftigsten Kriege gegen seine eigenen Stammes- und Sippenbrüder geführt. Zwar feiert die Überlieferung der Amaler ihre Einheit als das höchste Gut (*Getica* 251), aber die Geschichte Theoderichs lehrt, daß nur einer, nämlich der gewalttätigste und rücksichtsloseste Amaler, die Tradition der Sippe behaupten und fortsetzen konnte. Dieser Politik fielen sowohl Nichtamaler wie Amaler, Onkel, Vetter und sogar der eigene Bruder zum Opfer.

Die bekannteste Geschichte ist die Ermordung Odoakers (PLRE 2, 791–793). Am 5. März 493 konnte Theoderich in Ravenna einziehen, nachdem er mit Odoaker einen Vertrag geschlossen hatte, wonach beide gemeinsam die Königsstadt besitzen und sich die Samtherrschaft über Italien teilen würden. Nach zehn Tagen war Odoaker tot; sein Mitregent hatte ihn persönlich bei einem gemeinsamen Mahl erschlagen. Auf Odoakers Frage: „Wo ist Gott?" habe Theoderich geantwortet: „Das ist, was du den Meinen tatest". Während zwei Helfershelfer Theoderichs als scheinbare Bittsteller das Opfer bei den Händen hielten, durchbohrte der Gotenkönig seinen Vertragspartner mit dem Schwert; über dem Erschlagenen soll er noch die Worte gesprochen haben: „Nicht einmal Knochen hat der Schuft im Leib". (AV II 54 f.).

Den Beweis für die Planmäßigkeit der Untat liefern – trotz gegenteiliger Propaganda – die folgenden Ereignisse. Dem Toten wurde ein christliches Begräbnis verweigert, seine Gemahlin ließ man verhungern. Der ältere Bruder Hunulf suchte Asyl in einer Kirche, wo ihn Bogenschützen von außen erschossen. Odoakers Sohn Thela überlebte; als Verbannter ging er ins westgotische Gallien. Als er aber nach Italien heimzukehren suchte, wurde auch er beseitigt. Noch am Tage der Ermordung Odoakers wurden dessen barbarische Anhänger und deren Familien angegriffen; wo immer man sich ihrer bemächtigen konnte, fanden sie den Tod.

Aber damit war Theoderichs Kampf um das monarchische gotische Königtum nicht zu Ende. Nachdem sein Schwiegersohn Alarich II. 507 gefallen war, folgte ein mehrjähriger innergotischer Krieg, der bis 511 dauerte. Erst an seinem Ende war Theoderich der Große auch König der Westgoten. Alarichs vorehelicher Sohn, der Balthe Gesalech, wurde ausgeschaltet und der „echte" Sohn, der amalisch-balthische Amalarich, daran gehindert, zu Lebzeiten des amalischen Großvaters selbständig zu herrschen, auch nachdem er längst großjährig geworden war.

In derselben Art ging Theoderich gegen den Sohn der Schwester Amalafrida vor. Obwohl dieser Theodahad neben dem Gotenkönig der einzige männliche Amaler aus der Nachkommenschaft Thiudimirs war, wurde er Zug um Zug entmachtet. Theodahads Mutter war Königin der Vandalen geworden, seine Schwester Königin der Thüringer, aber er selbst saß immer noch in der Toskana, und das einzige, was er tun konnte, war seinen Besitz auf Kosten seiner Nachbarn zu vergrößern. Als sich zeigte, daß Theoderich keine männlichen Nachkommen bekommen würde, setzte der König den gallischen Vidimir-Enkel Eutharich an die Stelle seines Neffen ersten Grades. Im Jahre 515 verheiratete er den bei den Westgoten „gefundenen" Amaler mit seiner Erbtochter Amalasuintha und designierte ihn zum Nachfolger. Selbst als wenige Jahre später Eutharich 522/23 starb, wurden das Kind Athalarich und dessen Mutter Amalasuintha abermals Theodahad vorgezogen; an dessen Stelle sollten sie die Herren der Amalersippe wie der Goten werden. Bis zum Tode auch dieses Kindes hielt das Machtwort Theoderichs den Neffen von der Herrschaft fern; erst dann erlangte Theodahad ein zweijähriges, freilich unrühmliches Königtum, das mit seinem Tod endete.

Persönlichkeit

Bis über die Lebensmitte hinaus muß Theoderich persönlich und an vorderster Front gekämpft haben. Noch an der unteren Donau besiegte der König im Zweikampf einen Bulgaren-Khan. In die Gepiden-Schlacht an der Vuka soll sich Theoderich mit den Worten gestürzt haben: „Wer einen Weg durch die feindlichen Reihen sucht, folge mir nach; wer ein Beispiel für den Kampf fordert, blicke auf keinen anderen als mich! Die Tüchtigkeit fragt nicht nach der Menge; wenige müssen die Last des Krieges auf sich nehmen, vielen kommen dessen Früchte zugute. Nach mir wird man das Gotenheer beurteilen, und in meinen Taten wird das Volk triumphieren. Erhebt mein Feldzeichen, damit ich allen sichtbar bin; jeder Gegner wisse, wen er angreift oder durch wessen Schlag er zugrunde geht. Wer mit mir zusammenstößt, wird noch durch seinen Tod geadelt." (*Panegyricus* 19f.).

Ähnliche Worte werden dem Amaler auch vor anderen Schlachten in den Mund gelegt (*Panegyricus* 32 und 43f.). Die rhetorisch überhöhte Sprache des Panegyrikers Ennodius mag dem einen leeres Wortgeklingel sein, den andern an das falsche Pathos einer sogenannten großen Zeit erinnern, sie zeigt doch, wie Theoderich auf einen wohlunterrichteten römischen Zeitgenossen wirkte. Bei aller Übertreibung durfte ein Lobredner den Boden der Wirklichkeit nicht verlassen, weil er sonst den Gegenstand seiner Verherrlichung bloßgestellt und lächerlich gemacht hätte. Außerdem erweist sich die Glaubwürdigkeit des Bischofs der Königsstadt Pavia an einem überprüfbaren Detail: Zwei erhaltene Porträts stellen Theoderich mit langen Haaren und ohne jeden Kopfschmuck dar, und Ennodius sagt: „Niemand rühme mir zur Unzeit Prunk und Pracht; was bei anderen Herrschern die Krone bewirkt, hat meinem König die gottgeleitete Natur geschaffen." Und weiter: „Es ist der hohe Wuchs, der den König auszeichnet. Der Schnee der Wangen verbindet sich mit der gesunden roten Farbe. Die Augen strahlen jugendfrisch in ewiger Heiterkeit. Die wohlgestalteten Hände teilen Untergang den Rebellen und erbetene Ehren den Unterworfenen aus." (*Panegyricus* 90 f.).

Heirats- und Bündnispolitik zum Schutz Italiens

Theoderich begann seine berühmte Heirats- und Bündnispolitik nach der Ermordung Odoakers. Entweder noch 493 oder im Jahre 494 nahm der amalische Ostgotenkönig die Merowingerin Audofleda, die Schwester Chlodwigs, zur Frau. Die Fränkin wurde die Mutter Amalasuinthas und sollte die Freundschaft zwischen den damals bereits mächtigsten barbarisch-römischen Königen besiegeln. Nach Theoderichs Verehelichung heiratete dessen Tochter Thiudogotho den balthischen Westgotenkönig Alarich II. Die andere Theoderich-Tochter Ostrogotho war zwar noch während des Kampfes um Italien mit dem burgundischen Kronprinzen Sigismund verlobt worden, doch wurde die Ehe erst kurz vor 497 vollzogen. Nach der Tricennalienfeier, dem dreißigjährigen Regierungsjubiläum, im Rom des Jahres 500 heiratete Theoderichs Schwester Amalafrida den Vandalenkönig Thrasamund; etwa zehn Jahre später, um 510, wurde deren Tochter Amalaberga dem Thüringerkönig Herminafrid in die Ehe gegeben.

Theoderich, der in der Nachfolge Odoakers das raetische Bergland „als Bollwerk und Sperriegel Italiens" (*Variae* I 11 und VII 5) organisiert hatte, nahm die von den Franken bedrohten Alemannen in seinen Schutz. Gleichzeitig verlangte Ravenna 506 von Chlodwig die Einstellung jeder weiteren Verfolgung der Besiegten, wofür eine sichere Grenze und die Verhinderung jedes weiteren alemannischen Überfalls auf fränkisches Gebiet garantiert wurden. Um dieses Versprechen einzulösen, wurden alemannische Gruppen in der Raetia I aufgenommen, vor allem aber über Binnennorikum hinweg in Marsch gesetzt und sowohl in Norditalien wie an der oberen Save angesiedelt.

In Gallien war Theoderich weniger erfolgreich. Trotz aller diplomatischen Aktivitäten gelang es nicht, die fränkisch-burgundische Koalition zu sprengen und deren Angriff auf das Westgotenreich zu verhindern. Auch die dem Schwiegersohn Alarich II. angeratene Friedenspolitik nützte nichts; Chlodwig schlug, ohne daß er provoziert worden wäre, zu Saisonbeginn 507 los. Theoderich wurde durch die Ereignisse völlig überrascht. Erst im Sommer 508 ordnete er die Mobilmachung seines Heeres an. Kurz zuvor hatte freilich noch eine kaiserliche Flotte die Südküste Italiens verheert. Theoderichs Rechnung, wonach sein Schwager, der verbündete Vandalenkönig, ihm den Rücken freihalten würde, ging nicht auf; die Schiffe der Vandalen blieben in ihren Häfen, und Theoderich konnte nicht im Traum daran denken, sofort in Gallien einzugreifen. So blieb Alarich auf sich allein gestellt und verlor Schlacht, Königreich und Leben.

Nun mußten die Ostgoten erst recht nach Gallien ziehen, wo sie von Mitte 508 bis 511 in immer neue Kriege verwickelt wurden. Die Bindung seiner Kräfte im Westen hinderte Theoderich, seinen Waffensohn Rodulf, den König der March-Eruler, zu retten, als dieser von den bisher unterjochten Langobarden angegriffen und vernichtend geschlagen wurde. Der Versuch des Gotenkönigs, mit Hilfe der donauländischen Eruler die fränkisch-langobardische Annäherung zu durchkreuzen, blieb ebenso erfolglos wie knapp zuvor die Mobilisierung antifränkischer Rheingermanen. Bei ihrer ersten Bewährungsprobe hatte Theoderichs Außenpolitik versagt. Der aus befreundeten und abhängigen Völkern gebildete Sicherheitsring, den Theoderich um die Grenzen Italiens gelegt hatte, brach in den Jahren 506 bis 508 auseinander. Und die Ursache dieses Scheiterns war die erste fränkisch-byzantinische Koalition.

Die Franken wurden dadurch nicht bloß die Herren Galliens, sondern auch die des Ostalpenraums und des Thüringerreiches. Zum ersten Mal gelang es ihnen, woran die Römer stets gescheitert waren, nämlich von linksrheinischem Boden aus zentralgermanisches Gebiet auf Dauer zu unterwerfen. Der Sieg Justinians über die Vandalen machte lediglich ein stark geschwächtes Afrika bis zur arabischen Eroberung wieder römisch, während die südspanischen Gewinne gegen ein wiedererstarktes Westgotenreich bloß vorübergehend behauptet werden konnten. Italien wurde zum Schlachtfeld, auf dem achtzehn lange Jahre der Gotische Krieg tobte. Byzanz konnte sich des Sieges nicht lange erfreuen; weite Gebiete Italiens gingen an seine einstigen Verbündeten, die nun miteinander verfeindeten Langobarden und Franken, verloren. Die Teilung Italiens, die bis ins 19. Jahrhundert dauerte, geht auf Justinians Gotenpolitik zurück. Diese bedingte auch den Verlust der alpinen und donauländischen Provinzen Raetien, Norikum und Pannonien, die die Franken wenigstens mittelbar gewannen.

Theoderichs Ende

Theoderichs Reich arianischer Goten war Konstantinopel zu nahe, um als Alternative geduldet zu werden, sei es hinsichtlich der Religion, sei es als eine in Barbaren und Römer aufgespaltene und daher paradoxe Res publica. Die Architektur der königlichen Begräbnisstätte, das berühmte Mausoleum Theoderichs zu Ravenna, symbolisiert noch über dessen Tod hinaus das Programm der Verbindung zwischen West und Ost, zwischen Römern und Barbaren. Steht das Grabmal deshalb schon so lange leer? Daß die Mönche des daran angebauten Marienklosters für die Gebeine des Ketzerkönigs keine Verwendung hatten, wird man ihnen nicht verübeln; wahrscheinlich kamen sie aber gar nicht mehr dazu, sich des fatalen Andenkens selbst entledigen zu müssen. Bereits im 9. Jahrhundert stand der ausgeräumte Porphyrsarkophag neben der Klosterpforte. Niemand weiß, wer Theoderich wann aus seiner letzten Ruhestätte entfernt hat.

Der Gerüchte und Geschichten über Theoderichs Tod sind viele: Die von ihm verfolgten und getöteten Senatoren hätten ihn in den Krater des Vulkans auf der Insel Lipara gestürzt. Andere lassen den Amaler auf Teufelspferden entführt werden oder aus Schrecken und Reue über seine Untaten am Nervenfieber sterben: „Sein Tod kam so: Symmachus und dessen Schwiegersohn Boethius, beide altpatrizischer Herkunft, waren Konsulare und bekleideten die erste Stellung im römischen Senat. Eifrigst trieben sie philosophische Studien und strebten nach dem Ruhm der Gerechtigkeit. Sie halfen auch vielen Stadtbewohnern und Fremden mit Geld aus der Not, zogen sich aber durch ihr wachsendes Ansehen die Mißgunst schlechter Menschen zu. Theoderich schenkte deren verleumderischen Behauptungen Glauben, ließ beide Männer als Hochverräter hinrichten und zog ihr Vermögen ein. Wenige Tage später setzten ihm die Diener den Kopf eines großen Fisches zum Mahle vor. Da war es ihm, als sei dies das Haupt des eben erst getöteten Symmachus. Mit seinen in die Unterlippe eingebissenen Zähnen und starr und wild auf ihn gerichteten Augen erschien (der Fisch) Theoderich wie eine furchtbare Drohung. Das gräßliche Gesicht erfüllte (den König) mit Schrecken; er bekam Schüttelfrost und mußte sich eilends in sein Schlafgemach zurückziehen, wo er, in viele Decken gehüllt, Ruhe suchte. Hierauf berichtete er seinem Leibarzt Elpidius den ganzen Vorfall und beklagte das Unrecht, das er Symmachus und Boethius zugefügt hatte. Nachdem er seinen Fehler bitter beklagt und bereut hatte, verschied er kurz darauf. Dies war die erste und letzte Untat gegen seine Untertanen; denn nicht wie sonst hatte er eine sorgfältige Untersuchung durchgeführt und erst danach sein Urteil gegen die Männer gefällt." (BG I 1, 31–39).

Den Barbaren war der Gotenkönig freilich nicht gestorben. Gewappnet saß er auf seinem Streitroß, bereit, das dämonische Totenheer zu führen oder als Kriegsgott die Weihe der Krieger zu empfangen. Die Germanen Italiens, unter ihnen als letzte die Langobarden, erzählten sich nicht weniger dramatische Geschichten von einem Dietrich von Bern-Verona, der zu den Hunnen ins Exil fliehen mußte und dreißig Jahre, ein ganzes Menschenalter, lang nicht in die Heimat zurückkehren konnte. Als dies endlich geschah, mußte Dietrichs treuer Waffenmeister Hildebrand den eigenen Sohn töten, weil der junge Held den alten Krieger nicht als seinen Vater gelten ließ und diesem so „die Ehre nahm". Dietrich aber blieb ein untadeliger Heldenkönig, der selbst noch am Ende der Nibelungen am verwaisten Hof Etzels für Gerechtigkeit sorgte, indem er die „Teufelin" Krimhild tötete. Eine Tat freilich ganz im Sinne seiner herkulischen Leistungen zur Befreiung der Welt von Riesen, Drachen und Ungeheuern. Nur gut, daß er Feuer speien konnte, wenn er in Rage kam. Vom Theoderich der Historie wird derartiges nicht berichtet.

Der Untergang des italischen Ostgotenreichs (526/35–552/55)

Theoderichs Erbfolgeordnung scheiterte; sein westgotischer Schwiegersohn Eutharich starb 522/23, und die römische Opposition machte sich eigene Gedanken über die Zukunft Italiens. Sie wurde deswegen von Goten und Römern aus der Umgebung des alternden Theoderich des Hochverrats bezichtigt, worauf eine brutale Verfolgung der „Schuldigen" begann. Als solcher wurde auch der angesehene Gelehrte und hohe Beamte Boethius in den Fall verwickelt. Vom Herbst 523 an verbrachte er mehr als ein Jahr im Gefängnis von Pavia, wo seine berühmte *Tröstung der Philosophie* entstand. Ohne beim König Gehör gefunden zu haben, wurde Boethius im Sommer 524 als Kapitalverbrecher verurteilt, sein Besitz eingezogen und er selbst zu Tode geprügelt. Im Jahre 525 ereilte den Senatsvorsitzenden Symmachus das gleiche Schicksal wie seinen Schwiegersohn Boethius. Als Theoderich auch noch den Papst ins Gefängnis werfen ließ, wo dieser im Frühjahr 526 starb, war der Bruch mit Rom und Konstantinopel vollzogen. Da der König am 30. August 526 wie der Erzketzer Arius an der Ruhr erkrankte und starb, waren seine Gegner von der Höllenfahrt des Gotenherrschers überzeugt (AV II 83 ff. und 94 f.).

Der 516 geborene Athalarich war beim Tod seines Großvaters ein zehnjähriges Kind. Theoderich hatte noch die Nachfolge mit den dafür zuständigen „Comites und Ersten des Volkes" geregelt, ohne jedoch dafür die kaiserliche Anerkennung zu erwirken. So blieb es bei der Designation Athalarichs, während Amalasuintha die Regentschaft über das unmündige Kind ausüben und das politische Testament des toten Königs erfüllen sollte, nämlich wieder den Ausgleich mit dem Senat und den Römern zu suchen sowie mit dem Kaiser in Frieden zu leben (*Getica* 304 f.). Amalasuintha ließ Römer wie Goten auf den neuen König vereidigen. Dem Senat wurden besondere Schutzgarantien versprochen und das Prägerecht für Kupfermünzen wieder verliehen. Dem Kaiser gegenüber distanzierte sich Amalasuintha vom harten Kurs ihres Vaters (*Variae* VIII 1–7, bes. 2, 10). Gleichzeitig erhielten die Familien des Symmachus und des Boethius ihr Vermögen zurück (BG I 1, 5).

Der Tod Theoderichs beendete die Personalunion in der Herrschaft über die beiden Gotenreiche. Der westgotische Enkel Amalarich trat nun für ein Jahrfünft die Herrschaft an. Er erhielt den westgotischen Königsschatz zurück. Den gotischen Kriegern wurde freigestellt, für eines der beiden Gotenreiche zu optieren (BG I 12, 49, und 13, 4–8). Da ungleich mehr Ostgoten in westlichen Garnisonen lagen als umgekehrt, kam es wieder zum Anschluß einer starken ostgotischen Gruppe an die Westgoten.

Amalasuinthas Regime blieb nicht lange unumstritten. Mit gutem Grund lobte man aber ihren männlichen Mut und ihre Klugheit (BG I 2, 3). So versuchte sie, das Verhältnis zu ihrem Vetter Theodahad zu verbessern. Das Vermögen seiner Mutter war nach deren Tod konfisziert worden. Nun erklärte sich Amalasuintha zur teilweisen Restitution bereit und stellte den Rest in Aussicht, falls sich Theodahad in Zukunft loyal verhalten solle (*Variae* VIII 23, 2 f.). Er tat aber das Gegenteil. An der Wende von 532 auf 533 versuchte die intransigente Hofpartei, mit der Theodahad insgeheim Verbindung aufnommen hatte, die Macht zu übernehmen. Dazu mußte man sich der Person Athalarichs bemächtigen, der eben 16 Jahre alt geworden war und als großjährig gelten konnte. Den Anlaß bot die Behauptung, Athalarichs literarische Erziehung beruhe auf ungotischen Prinzipien und widerspreche den einst von Theoderich aufgestellten Grundsätzen.

Die Regentin gab nach und tauschte die Erzieher ihres Sohnes aus, konnte aber die Opposition nicht besänftigen. Amalasuintha bat darauf den Kaiser um politisches Asyl und sandte einen Schnellsegler mit dem Staatsschatz nach Durazzo, wo Justinian der Gotenkönigin einen Palast anwies, sie gleichzeitig aber nach Byzanz einlud. Allerdings blieb Amalasuintha in Ravenna und setzte sich zur Wehr. Nun bekam es der Vetter Theodahad mit der Angst zu tun und wollte seinerseits nach Konstantinopel auswandern, nachdem er die ganze Toskana dem Kaiser verkauft hätte. Die Franken hatten 532 die Burgunder angegriffen und dabei auch ostgotisches Territorium besetzt. Amalasuintha schickte 533 drei der wichtigsten Heerführer, die ihre Gegner waren, an die Front, wo sie auf Befehl der Königin getötet wurden. Der Widerstand brach zusammen, Amalasuintha konnte das Schiff mit 40 000 Goldpfund nach Ravenna zurückholen (BG I 2, 19–29; vgl. 3, 3 f.).

Auch als Athalarich 534 starb, zeigte sich Amalasuintha nicht unvorbereitet. Obwohl der Sieg über ihre inneren Feinde kaum länger als ein Jahr zurücklag, ernannte sie ihren feindlichen Verwandten Theodahad zum Mitregenten, machte sich aber selbst offiziell zur Königin. Der Vetter mußte schwören, sie als die eigentliche Herrin anzuerkennen und selber nur als Galionsfigur des Gotenreiches zu dienen (*Getica* 306 und BG I 4, 4–9).

Theodahad wurde im November 534 König und bemühte sich, unterstützt von Amalasuintha, sofort um die kaiserliche Anerkennung. Noch in den letzten Wochen des Jahres 534 schaltete er seine Kusine aus und ließ sie auf einer Insel des Bolsena-Sees festsetzen. Spätestens am 30. April 535 war die Ostgotenkönigin tot; ihre persönlichen Feinde, die Überlebenden der 532/33 besiegten Adelspartei, hatten an ihr Rache genommen (*Variae* X 1–4. BG I 4, 11 ff. und 26 f.).

Noch vor der Ermordung Amalasuinthas hatte Theodahad eine Gesandtschaft nach Konstantinopel abgeschickt, um Justinian zu beruhigen. Der gewaltsame Tod Amalasuinthas bedeutete aber den Bruch der amalischen Legitimität und damit die Erklärung eines „Krieges, der jeden Vertragsfrieden ausschloß" (BG I 4, 30). Während Römer wie Goten sich gegen das neue Regime erhoben und das Heer eher zur Aufrechterhaltung des inneren Friedens benötigt wurde, als gegen einen Angriff von außen mobilisiert werden konnte, begann Justinian den Krieg in Dalmatien, dessen Hauptstadt Salona noch vor 535 eingenommen wurde. Zur Eröffnung einer zweiten Front wurde der Vandalensieger Belisar abgeordnet (PLRE 3,1, 181–224).

Der Feldherr erhielt den Auftrag, mit einem Heer von nur 9000 Mann Sizilien anzugreifen. Die Instruktion des Kaisers an seinen Feldherrn verriet Vorsicht und Ungewißheit über den zu erwartenden Widerstand sowie das Ausmaß der italo-römischen Kooperation. Belisars Flottenunternehmen wurde daher zunächst als Verstärkung der karthagischen Garnison deklariert. Als die Schiffe Belisars im Juni 535 den Hafen von Catania anliefen, hätte der Angriff noch jederzeit abgebrochen und als Zwischenlandung auf dem Weg nach Afrika ausgegeben werden können.

Die große Sorge war allerdings unberechtigt. Die römischen Milizen Siziliens öffneten die Tore der Städte; selbst Syrakus, der Sitz des gotischen Comes Siziliens, kapitulierte ohne Widerstand. Nur die Garnison von Palermo hielt ein wenig länger durch. Am letzten Tag des Jahres 535, am Ende seines Konsulats, zog Belisar, Goldmünzen streuend, feierlich in Syrakus ein. Der römische Feldherr hatte einen bemerkenswerten Erfolg errungen. Theodahad wollte Frieden und schien zu allem bereit: Er bot seine Abdankung sowie die Abtretung Italiens an. Die Verhandlungen waren noch im Gange, als zu Ostern 536 die kaiserlichen Truppen in Karthago rebellierten und gleichzeitig die Goten ihre ersten Erfolge in Dalmatien errangen. Darauf faßte Theodahad neuen Mut, brach alle Verhandlungen ab und setzte auf Krieg. Die Schaukelpolitik führte aber zu nichts. Belisar setzte über die Meerenge von Messina, die Theodahads Schwiegersohn decken sollte. Dieser kapitulierte, und der kaiserliche Feldherr marschierte ungehindert bis vor Neapel, wo er auf ersten, freilich erbitterten Widerstand stieß. Theodahad konnte zwar die Stadt nicht mehr retten, verließ aber Ravenna, um Belisar vor Rom abzufangen. In der Umgebung der Ewigen Stadt zog der König den Großteil seiner Streitmacht zusammen. Die Goten fielen hier jedoch Ende November 536 von ihm ab und erhoben Vitigis zum König. Auf der Flucht nach Ravenna wurde Theodahad im Auftrag des neuen Königs getötet (BG I 5, 1–11, 10).

Innerhalb des Jahrfünfts zwischen 531 und 536 starben die drei letzten amalischen Könige, zwei Enkel Theoderichs und deren Onkel. Jeden von ihnen hatten die eigenen Leute umgebracht: Athalarich wurde der Lebensstil seiner Goten zuviel, Amalarich und Theodahad wurden von ihren Gotenvölkern verlassen und getötet, weil sie im Kampf um die Erhaltung des Volkes versagten. Aber auch die gotische Oberschicht war am Ende, und zwar personell wie hinsichtlich ihrer Glaubwürdigkeit. Daher griff man auf einen erfolgreichen Heerführer zurück, mag er auch „keinem glänzenden Haus" angehört haben (BG I 1, 5). Vitigis und seine Verwandten, sowohl der Onkel wie auch der Neffe des neuen Gotenkönigs, waren hohe Truppenführer und königliche Schwertträger, das heißt, sie zählten zur engsten Umgebung der Könige (BG II 10, 2, und 12, 37).

Vitigis (536–540)

Vitigis begründete seine Herrschaft als Heerkönigtum (PLRE 3, 2, 1382–1386). Er wurde „bei gezogenen Schwertern nach Sitte der Väter" auf dem Schild erhoben. Vitigis verstand sich als Theoderichs Verwandter, weil er dessen Taten nachahmte (*Variae* X 31, 1 und 5). Unter Aufgabe der günstigen Stellung südlich von Rom mußte der neue König nach Ravenna gehen, die Königsstadt in Besitz nehmen und die Enkelin Theoderichs, Matasuntha, heiraten. In Ravenna schloß Vitigis den längst nötigen Vertrag mit den Franken. Die Ostgoten zahlten 2000 Goldpfund Entschädigung für die Unterlassung eines Angriffs auf Italien, übergaben den Franken die Schutzherrschaft über die Alemannen und die anderen ostalpinen Völker und verzichteten schließlich auf Gallien, von wo sie nun ihre Truppen abziehen konnten (BG I 11-13). Verstärkt um das gallische Heer, war Vitigis seinem römischen Gegner zahlenmäßig überlegen. Der Rückzug auf Ravenna, die Sammlung der gotischen Kräfte in Norditalien sowie ihre sorgfältige Neuausstattung mit Angriffswaffen und Rüstungen verraten – abgesehen von den staatsrechtlichen Maßnahmen zur Sicherung des Königtums – ein wohlüberlegtes Vorgehen des erprobten Heerführers. Darüber hinaus griff er nun seinerseits die Römer in Dalmatien an.

Zwischen Ende November 536 und dem 21. Februar 537 hatte Vitigis das Gotenheer von Terracina südlich von Rom bis Ravenna und wieder vor Rom geführt. Innerhalb dieser kurzen Zeit war zwar die Ewige Stadt entgegen dem gotischen Kriegsplan verloren gegangen, woran auch die als Geiseln mitgeführten Senatoren nichts ändern konnten. Vitigis hatte aber das Heer verstärkt, einen Zweifrontenkrieg vertraglich verhindert, die Königsstadt Ravenna und das Königskind Matasuntha gewonnen. Das etwa achtzehnjährige Mädchen zeigte sich darüber allerdings wenig erfreut, was kaum das Alter des um 500 geborenen Vitigis als vielmehr seine niedrigere Herkunft betraf. Vielleicht störte sie auch der Umstand, daß ihr königlicher Gemahl ihretwegen seine erste Frau verstoßen hatte (*Romana* 373 und BG I 11, 2).

Inzwischen war Belisar am 9. oder 10. Dezember 536 in Rom eingezogen. Etwa 5000 Mann kaiserliche Truppen standen ihm neben der stadtrömischen Miliz zur Verfügung. Wenn der Generalissimus – in einem Schreiben an den Kaiser – die dreißigfache Überlegenheit des Gegners beklagt, hat er zwar stark übertrieben. Aber Konstantinopel mußte endlich einsehen, daß seit dem Tod Theodahads ein anderer Wind wehte; aus dem militärischen Spaziergang der ersten beiden Jahre war der Gotische Krieg geworden (BG I 22 ff.). Am 21. Februar

537 standen die Goten vor der Ewigen Stadt. Über ein Jahr lang sollten sie gegen die Mauern anstürmen, Niederlagen hinnehmen und in glänzenden Reiterattacken siegen. Obwohl Hunger und Seuchen in der Stadt wüteten, konnte sich Belisar halten. In der Zwischenzeit war der gotische Angriff auf Dalmatien gescheitert, und die Friedensbemühungen des Gotenkönigs fanden nicht das geringste Echo in Konstantinopel. Ebenso wenig ging der kaiserliche Feldherr auf das Angebot ein, Italien auf der Grundlage des status quo zu teilen. Nun verließ Vitigis sein Glück. Der Gotenkönig schloß einen Waffenstillstand, der einzig und allein Belisar zugute kam. In aller Ruhe konnte der kaiserliche Feldherr Rom verproviantieren und genügend Truppen sammeln, um den Vertrag bei nächster Gelegenheit zu brechen und den Bewegungskrieg wieder zu eröffnen.

In den ersten Wintermonaten des Jahres 538 überquerten römische Reiter den Apennin, verwüsteten das gotische Picenum, versklavten die Frauen und Kinder der vor Rom stehenden Krieger und stießen schließlich bis Rimini vor, wo sie sich in gefährlicher Nähe zu Ravenna festsetzten. In höchster Eile hob Vitigis Anfang März 538 die Belagerung Roms auf und kehrte in seine Königsstadt zurück. Er sollte sie nur mehr als Gefangener Belisars verlassen. Während ein zweijähriger Abnützungskrieg an allen möglichen Fronten tobte und auch die kaiserlichen Feldherren nicht immer einer Meinung waren, saß der Gotenkönig in Ravenna und griff nicht mehr aktiv in die Kämpfe ein. Vitigis dürfte die strategische Überlegenheit Belisars richtig erkannt und danach zu handeln versucht haben, indem er sich vom glücklosen Heerführer zum Diplomaten wandelte. Gotische Gesandte gingen zu den Langobarden, die jedoch das Hilfegesuch mit dem Hinweis auf ihr prokaiserliches Bündnis zurückwiesen. Dann sandte Vitigis zwei sprachkundige Geistliche zu den Persern, um sie gegen das Imperium zu mobilisieren. Diese Drohung nahm Justinian so ernst, daß er die gotische Delegation, die Vitigis zu Beginn seiner Regierung nach Konstantinopel abgeordnet hatte, sofort mit Friedensversprechungen entließ. Ein Vorgehen, das Belisar jedoch sabotierte.

Im Jahre 539 schienen die Franken Theudeberts I. (533–547) den Goten helfen zu wollen. Aber es kam bloß ein für alle Beteiligten schrecklicher Verwüstungsfeldzug zustande.

Als das fränkische Gewitter vorüber war, brach die gotische Vorfeldverteidigung zusammen. Spätestens im Frühjahr 540 langte ein neuerliches Hilfeangebot Theudeberts in Ravenna ein: Der Frankenkönig wollte die Hälfte Italiens für die Vertreibung Belisars haben. Vitigis lehnte ab, nicht zuletzt auch deshalb, weil der kaiserliche Feldherr wieder mit ihm unterhandelte und dabei eine für beide Seiten annehmbare Lösung in Aussicht stellte. Aber auch diese Hoffnung trog. Schließlich zog Belisar nur mit geringen, ihm treu ergebenen und loyalen Kontingenten in die Hauptstadt des Westreiches ein, nachdem er Vitigis und seine Goten in eine Lage manövriert hatte, in der sie sich nur mehr ergeben konnten, zumal sie großen Hunger litten. Die kaiserliche Armee besetzte kampflos Ravenna, nahm den Gotenkönig und sein Heer gefangen und schien damit im Mai 540 die Eroberung des Westreiches beendet zu haben. Prokop beschreibt den Hohn und das Entsetzen der gotischen Frauen, als sie erkannten, vor wem ihre Männer kapituliert hatten (BG II 29, 34).

Kriege werden nicht dadurch gewonnen, daß man sie für siegreich beendet erklärt. Gerade aber das tat Belisar, als er 540 Ravenna verließ, um seinem Kaiser den gotischen Königsschatz samt dem Königspaar, dem Hofadel und einer Schar gotischer Elitekrieger zu bringen. Sofort nach der Abreise Belisars hatte die Armee des Kaisers schwer unter Desertionen zu leiden. Die Uneinigkeit der kaiserlichen Heerführer sowie eine rigorose, ja ruinöse Steuereintreibung zersetzte die Moral der Zivilbevölkerung. Gleichzeitig reduzierte die kaiserliche Finanzverwaltung die Soldzahlungen an die Truppe oder stellte sie überhaupt ein. In dieser Situation vermochte sich ein gotisches Königreich nördlich des Po, das ursprünglich Vitigis zugedacht war, mehr als ein Jahr lang zu halten, ohne daß die kaiserlichen Generäle den Strom überschritten hätten. Schließlich entschied das Gotenheer, dem erfolgreichen Kommandanten von Treviso das Königtum anzutragen. Er hieß Totila (PLRE 3, 2, 1328–1330).

Totila (541–552)

Wie Alarich I., so zählt auch der „Heldenjüngling" Totila zu den beliebtesten Gestalten der deutschen Geschichtsschreibung. Selbst der vor aller Deutschtümelei gefeite Ern(e)st Stein teilte noch 1949 die „echte Bewunderung", die sein Wiener Lehrer Ludo Moritz Hartmann für Totila empfunden hatte. Andrerseits schreibt man bis heute das Urteil der Zeitgenossen nach, Totila sei „zum Unglück Italiens erhoben worden" (*Romana* 379). Totilas Geschichte sind elf Jahre Krieg in Italien, auf dessen Inseln und an der dalmatinisch-epirotischen Küste. Sie läßt sich in drei Abschnitte gliedern.

Die erste Phase des Kriegs umfaßt die Zeit von der Erhebung Totilas im Herbst 541 bis zum Frühjahr 543. Die zweite Phase dauert am längsten. Sie reicht von der Einnahme Neapels 543 bis ins Jahr 550, da Germanus zum italischen Oberbefehlshaber ernannt wird und Justinian gleichzeitig durch entsprechende Rüstungen den raschen und siegreichen Abschluß des Kriegs ermöglicht. Die dritte und letzte Phase der Herrschaft Totilas beginnt im Frühjahr 550 und endet im Sommer 552 mit der Schlacht auf den Busta Gallorum, den „Grabmälern der Gallier", woran als Nachspiel das Königtum Tejas bis Oktober desselben Jahres anschließt. Nur von dieser letzten Phase soll etwas ausführlicher die Rede sein.

Im Frühjahr 550 bestimmte Justinian seinen Neffen Germanus, den zweiten Gemahl Matasunthas, zum neuen Generalissimus der italischen Armee. Belisar war schon im Herbst 548, bald nach dem Tod seiner großen Gönnerin Theodora, vom Kaiser abberufen worden. Der Ernennung des Germanus geht eine amalisch-legitimistische Propaganda voraus, die sowohl für Italien bestimmt war, als auch unter den italischen Emigranten in Konstantinopel selbst ihre Wirkung tat. Nicht unmöglich, daß damals Jordanes den Auszug aus Cassiodors Gotengeschichte verfaßte, um die Hoffnungen der Goten und geflüchteten Senatoren zu unterstützen, Germanus werde das Westreich erneuern. Justinian dachte zwar nicht im geringsten daran, benützte aber die amalisch-legitimistische Propaganda, um Goten wie Italiker zu gewinnen (BG III 29, 9–28).

Germanus starb aber im September 550 bei der Vorbereitung der Invasion Italiens. Es dürfte jedoch bereits seine Idee gewesen sein, Italien mit starken Landstreitkräften vom Isonzo her zu erobern. Jedenfalls lag dieses Konzept dem Kriegsplan des Narses zugrunde; dieser war ein armenischer Eunuch, der als Günstling der Kaiserin Theodora vielfach Gelegenheit fand, sich als Feldherr zu bewähren (PLRE 3, 2, 912–928). Im April 551 ging Narses als Nachfolger des Germanus von Konstantinopel zur Armee und traf im Sommer im dalmatinischen Salona ein, von wo er über Istrien zum Isonzo marschierte. Dort mußten die kaiserlichen Truppen erkennen, daß das Innere Venetiens durch die Franken gesperrt war, während Teja, der Comes von Verona, die Via Postumia überfluten und alle Straßen ungangbar machen ließ. Weder Franken noch Goten kümmerten sich dagegen um die Küstenlinie, die wegen der zahlreichen Flußmündungen und Sümpfe für eine größere Armee unbegehbar schien. Trotzdem geschah das Unvorstellbare. Mit Hilfe einheimischer Führer zogen Narses und sein Riesenheer von nahezu 30 000 Mann die Küste entlang nach Ravenna. Während dadurch der fränkisch-gotische „Nordostwall" seine Funktion verlor, brach die gotische Stellung in Unteritalien zusammen. Die Seemacht Konstantinopel konnte es sich erlauben, die ständige Besatzung der Thermopylen kurzfristig nach Kalabrien zu verlegen, um die Goten zu bekämpfen und zu besiegen.

Am 6. Juni 552 war Narses in Ravenna eingezogen, bereits neun Tage später verließ er die Stadt und begann mit allen verfügbaren Truppen den Marsch auf Rom. Bevor Narses die Via Flaminia bei Gualdo Tadino wieder erreichte, kam es Ende Juni oder Anfang Juli 552 auf der Hochebene der Busta Gallorum zu jener denkwürdigen Schlacht, die das Königtum Totilas beendete. Über seinen Tod gibt es zwei Nachrichten: Er sei gleich zu Schlachtbeginn von einem Pfeil oder erst auf der Flucht durch den Anführer der unter Narses dienenden Gepiden getötet worden (BG IV 29–32).

Das Nachspiel: Teja (552)

Unter Teja begann der letzte Kampf der Goten mit allen Schrecknissen eines zu Ende gehenden, längst verlorenen Krieges: Geiselmord, Vergeltungsmaßnahmen an unschuldigen Römern, Marsch in den Süden und Rückzug in den Raum von Neapel, schließlich Verrat des gotischen Flottenkommandanten, wodurch die Lage Tejas unhaltbar wurde (PLRE 3, 2, 1224). Zwischen dem Mons Lactarius, dem „Milchberg", und dem Fluß Sarno fand im Oktober 552 die letzte Schlacht des Gotischen Krieges statt. Nachdem ihr König gefallen war, kämpften die Goten noch solange, bis ihnen Narses die Heimkehr auf ihre Güter zusicherte, sofern sie treue Untertanen des Kaisers zu werden versprachen.

Bis auf eine Tausendschaft, die ein ehemaliger Überläufer und gotischer Gefolgsmann Belisars aus der römischen Umklammerung löste und quer durch Italien nach Pavia führte, unterwarf sich darauf der Rest des Gotenheeres. In ihrer Hauptstadt angelangt, konnten die frei gebliebenen Goten keinen neuen König mehr erheben. Mit diesem Eingeständnis der Schwäche endete die Geschichte derjenigen Goten, die man als Ostgoten bezeichnet (BG IV 33f.). Das Nachspiel des Krieges dauerte noch drei Jahre und endete mit deren Spaltung; die einen entschieden sich gegen, die anderen für ein barbarisches Italien. Die eingedrungenen Barbaren und diejenigen Goten, die es mit ihnen hielten, gingen zugrunde. Die anderen behaupteten sich als militärisch-politischer Faktor, mit dem sowohl der Kaiser wie seit 568 die Langobarden zu rechnen hatten. Viele blieben Arianer, manche wurde katholisch. Papst Pelagius II. (579–590), der Vorgänger Gregors des Großen, war der Sohn des Goten Hunigild. So waren in Italien – wie fünf Menschenalter später in Spanien – die letzten Goten nicht die letzten, mag auch ihr Kampf um Rom längst verloren gegangen sein.

Das spanische Reich der Westgoten (507/68–711/25)

Eine sechzigjährige Krise (507–568)

Das westgotische Königtum der jüngeren Balthen hatte fast neunzig Jahre gedauert. Solange ein Sohn oder Enkel Theoderids herrschte, blieben von 418 bis 507 alle großen Herren loyal. Es regte sich kein Widerstand, der an die vandalische Adelsrevolte von 442 oder an ähnliche Ereignisse im italischen Ostgotenreich erinnert hätte. Allerdings dürfte sich die Lage bereits vor 507 geändert haben, wenn der Adel den König zwingen konnte, die Frankenschlacht gegen seinen Willen und noch vor dem Eintreffen der ostgotischen Hilfe anzunehmen. Auch von den Katalaunischen Feldern kam ein Gotenheer ohne seinen König zurück; aber es hatte Attila besiegt und wurde von einem Sohn des Toten angeführt, der die Herrschaft mit starker Hand ergriff. Dagegen wirkte Vouillé gleich einem Dammbruch, der das westgotische Reich hinwegzuschwemmen drohte.

Der etwa 40 jährige Alarich II. hinterließ zwei Söhne, den fünf Jahre alten Amalarich, den ihm Thiudogotho, die Tochter Theoderichs des Großen, geboren hatte, und den bereits erwachsenen Gesalech, der aus keiner vollgültigen Ehe stammte. Zunächst war Ravenna durchaus damit einverstanden, daß die Westgoten den älteren Königssohn 507 oder 508 in Narbonne zum Herrscher erhoben; Theoderich war auch nicht „besserer" Herkunft gewesen. Gesalech scheiterte aber und konnte den ihm von Ravenna eingeräumten Kredit nicht nützen. Toulouse blieb verloren. Narbonne, das die Rolle der Hauptstadt übernommen hatte, ging verloren. Im Sommer 508 sandte Theoderich seinen fähigen Heerführer Ibba nach Gallien gegen Franken, Burgunder und – Gesalech. Die Ostgoten siegten auf der ganzen Linie und waren stark genug, eine amalische Lösung der Nachfolge Alarichs II. zu erzwingen.

Im Jahre 510 kämpften zum erstenmal seit 451 wieder Ostgoten und Westgoten gegeneinander. Gesalech und seine Leute verloren die Auseinandersetzung. Erneute Versuche 511/12 oder 513/14 scheiterten ebenfalls. Schließlich fand der Westgotenkönig ein unrühmliches Ende als Rebell. In der Zwischenzeit ließ sich Theoderich der Große spätestens 511 auch zum König des Westgotenreiches machen. Das an die Franken verlorene Gebiet blieb weitgehend verloren; jeder Versuch einer Rückeroberung wurde abgeschrieben, als Theoderich bereits nach dem Tod Chlodwigs mit dessen Erben Frieden schloß. Während es im Gebiet von Angoulême, Saintes und wohl auch Bordeaux zu Vertreibungen der Goten kam, dürften Toulouse und seine Umgebung wieder gotisch geworden und bis 531 geblieben sein.

Mit ostgotischer Hilfe konnten die Westgoten nicht bloß die Mittelmeerküste, sondern darüber hinaus auch weite Gebiete im Inneren Südaquitaniens halten. Die unsichere Lage nach dem Tode Theoderichs ließ Amalarich auf eine – freilich wenig erfolgreiche – fränkische Bündnispolitik bauen. Er bemühte sich um die Hand Chlotchildes, der Tochter Chlodwigs und der glaubensstarken Chrotechilde. Die merowingischen Brüder stimmten zu, und Amalarich heiratete die Fränkin. Schon im Herbst 531 diente aber diese Ehe den Merowingern zum Vorwand, um den Westgoten den Krieg zu erklären. Der fanatische Arianer Amalarich habe seine Gemahlin wegen deren katholischen Bekenntnisses mißhandelt, worauf ihr Bruder Childebert den Rächer spielte und in Septimanien einfiel. Im Herbst 531 verlor Amalarich bei Narbonne die Schlacht. Der glücklose König floh nach Barcelona und wurde dort von einem Franken, der vielleicht ein Gefolgsmann der Königin war, getötet. Childebert nahm seine Schwester auf den Rückmarsch in die Heimat mit, die sie freilich nicht mehr sah, da sie unterwegs starb. Nicht verloren ging jedoch die reiche Beute, die von den Franken im Gotenland gemacht wurde.

Nach dem ruhmlosen Ende der balthischen Königssippe setzten sich die im Westgotenreich verbliebenen Ostgoten durch und erhoben Theudis, den ehemaligen Schildträger Theoderichs und bis 526 dessen westgotischen Statthalter, zum König. Theudis, der Amalarichs Ende beschleunigt haben dürfte, hatte eine reiche Senatorin geheiratet, die so viel Vermögen in diese Ehe brachte, daß er damit nicht weniger als 2000 Privatsoldaten, das heißt fast ein ganzes Stammesheer, unterhalten und ausrüsten konnte. Sofort nahm Theudis den Kampf gegen die Franken auf und machte sich in kurzer Zeit einen so guten Namen, daß er mit dem großen Theoderich verglichen wurde. Wie dieser nannte er sich *Flavius rex*, lehnte aber jede Unterstützung der 533 von Byzanz angegriffenen Vandalen ab. Auch seinem Neffen Hildebad, Ostgotenkönig 540/41, half er nicht. Mittelbarer Nachfolger Hildebads wurde Totila, der Großneffe des Theudis. Es dürfte 547 gewesen sein, ein Jahr, nachdem Totila den Höhepunkt seiner Macht erreicht hatte, daß sein Großonkel Theudis die Meerenge von Gibraltar überqueren und Ceuta in der Tingitana angreifen ließ. Die Expedition endete in einer Katastrophe; die katholischen Byzantiner hatten die nichtsahnenden arianischen Westgoten an einem Sonntag überfallen. Die Niederlage war mit ein Grund dafür, daß der König 548 Thron und Leben verlor.

Unter König Theudis verlagerte sich der Schwerpunkt des Reiches von seiner Nordgrenze nach Südspanien, das ein siegreiches Byzanz in zunehmendem Maße bedrohte. In Abwehr der außenpolitischen Gefahren wurde die bisher weitgehend unabhängige Provinz Baetica wesentlich stärker in das westgotische Königreich integriert. Der Theudis-Nachfolger Theudegisel wird manchmal mit dem gleichnamigen ostgotischen Amaler und Vetter Amalarichs gleichgesetzt. Sollte dieser Zusammenhang bestanden haben, blieb er jedenfalls sowohl der amalischen Herkunftsgeschichte wie Isidors Gotengeschichte verborgen. Oder die beiden Autoren hielten diese Herkunft für bedeutungslos. Bedeutungslos war jedenfalls Theudegisels (548/49) kurze Regierung, als er bei einem Gastmahl in Sevilla ermordet wurde. Der *morbus Gothicus*, die „gotische Krankheit", grassierte, wonach sich das Gotenvolk wie im Wahnsinn der Könige durch Absetzung oder Mord entledigte (Fredegar, *Chronicae* IV 82). Angefangen mit Alarich I., gab es knapp vierzig Könige und Gegenkönige der Westgoten;

kaum die Hälfte ist eines natürlichen Todes oder unabgesetzt gestorben.

Auch die Nachfolger Theudegisels konnten sich nicht halten, und 552 besetzte ein oströmisches Heer die Südküste Spaniens. Die kaiserlichen Truppen waren von Athanagild (551/555–567) ins Land gerufen worden, um seine Rebellion gegen den gewählten Nachfolger Theudegisels zu unterstützen. Die Landung oströmischer Truppen bewirkte zunächst eine Verringerung der inneren Gegensätze im Westgotenreich. Der damals regierende König Athanagild nahm die Heiratspolitik mit den Franken wieder auf, wodurch die berühmt-berüchtigte Brunichilde zu den Franken kam und bis zu ihrem Tode im Jahre 613 deren Politik beherrschte. Aber als Athanagild 568 starb, schien der endgültige Zusammenbruch des Westgotenreichs nur mehr eine Frage der Zeit.

Die Entstehung des Toledanischen Reiches: Leovigild (568/69–586) und Reccared I. (573/86–601)

Nach dem Tode Athanagilds wurde Liuva I. 568/69 in Narbonne zum König erhoben (PLRE 3, 2, 793f.). Das Königtum und seine Wähler hatten sich aus Spanien zurückgezogen und hielten in Septimanien die letzte Bastion der westgotischen Herrschaft. Liuva bewirkte die Wende; er hatte einen jüngeren Bruder, dessen Fähigkeiten er richtig einschätzte. Er machte Leovigild zu seinem Mitherrscher, wies ihm Spanien zu und bestimmte ihn wohl auch zu seinem Nachfolger in Septimanien; eine Hoffnung auf die Zukunft, die sich bereits 572 erfüllte. Leovigild war ein überaus erfolgreicher Herrscher, und sein Sohn Reccared I. tat es ihm gleich (PLRE 3, 2, 782–785 und 1079f.). Die dreißig Jahre ihrer Herrschaft wirken wie aus einem Guß, und zwar obwohl oder gerade weil der Sohn mit der Religionspolitik seines Vaters brach. Aber Reccared wechselte im Grunde nicht den Kurs, sondern bloß das Schiff.

„Leovigild stellte das Land der Goten, das durch zahlreiche Aufstände verkleinert worden war, in seinen alten Grenzen wieder her." So urteilte schon ein Zeitgenosse (Johannes von Biclaro a. 569), und wir fragen uns, wie dies dem König gelingen konnte. Offenkundig verstand es Leovigild, das Regnum wieder attraktiv zu machen, die besten Krieger für seine Sache zu gewinnen und so die regionalen und lokalen Potentaten, die „Tyrannen", an den Rand zu drängen und ins Unrecht zu setzen. Fast jedes Jahr zog der König an der Spitze seines Heeres gegen Byzantiner, Sueben, Basken und den inneren Feind. Im Jahre 578 verkündete er nordöstlich von Toledo die Gründung einer Stadt, die er nach seinem zweiten Sohn Reccopolis nannte. Wie kaiserliche Städtegründer aufzutreten, hatten bisher nur Theoderich der Große und der Vandalenkönig Hunerich gewagt. Nun sollte das zentralspanische Reccopolis wohl die Hauptstadt der Westgoten werden. Leovigild hatte 573 seine beiden Söhne Hermenegild und Reccared zu Mitregenten, *consortes regni,* erhoben, eine Maßnahme, mit der er auch das Wahlrecht der Großen einschränken und eine Dynastie gründen wollte. Auch für diesen Schachzug dürfte sich der König das kaiserliche Staatsrecht zum Vorbild genommen haben. Dabei fällt auf, daß Reccopolis nach dem zweiten Sohn benannt wurde, obwohl die große Krise zwischen Leovigild und seinem Erstgeborenen 578 noch nicht ausgebrochen sein konnte.

Im Jahre 579 wurde die Merowingerin Ingunde die Gemahlin Hermenegilds (PLRE 3, 2, 449f.). Die junge Dame – sie zählte damals erst zwölf Jahre – war stark genug, um das Westgotenreich neuerlich in eine schwere Krise zu stürzen. Sie dachte nicht daran, Arianerin zu werden, und brachte ihren Gemahl dazu, mit dem Katholizismus zu sympathisieren. Der Skandal wurde um so schlimmer, als Leovigilds zweite Gemahlin, die Witwe seines Vorgängers Athanagild und Stiefmutter seiner Mitregenten, die arianische Konversion der Schwiegertochter erzwingen wollte. Um ein wenig abzuwiegeln, entfernte Leovigild das junge Paar vom Hof und setzte Hermenegild als Statthalter in Südspanien ein. Hier geriet der junge König unter den Einfluß des Mönches Leander und trat tatsächlich zum Katholizismus über. Dies bedeutete den offenen Abfall vom Vater, dem das Bündnis des Sohns mit den Byzantinern folgte.

In dieser Situation reagierte Leovigild ebenso logisch wie konsequent, indem er alle Möglichkeiten einer kirchenpolitischen Vereinheitlichung Spaniens im Sinne des Arianismus ausschöpfte. Im Jahre 580 trat zu Toledo ein arianisches Konzil zusammen, das den Versuch unternahm, die katholisch-römische Mehrheit für den Arianismus zu gewinnen. So wurde die katholische Taufe anerkannt und auf die bisher obligatorische Wiedertaufe bei einem Übertritt verzichtet. Gegenüber der Reliquien- und Märtyrerverehrung, die den Arianern fremd war, wurden vermittelnde Positionen bezogen. Vor allem aber ging das Konzil von der radikalen Subordination Christi ab. Man war bereit, Christus als dem Vater gleichartig, *aequalis,* zu bezeichnen, während die arianischen Goten bisher nur die Ähnlichkeit, *similitudo,* des Vaters und des Sohnes gelten ließen.

Der König scheiterte jedoch mit seiner Politik. Der gotische Glaube war gegenüber der römischen Orthodoxie sowohl im intellektuellen wie im Bereich der Volksfrömmigkeit viel zu sehr ins Hintertreffen geraten. Indem aber Reccared daraus die Lehre zog, blieb ihm nur die Bekehrung der Westgoten zum Katholizismus, wollte er die Einheit des Westgotenreichs herstellen. Bis dahin verging freilich ein Jahrzehnt heftiger Auseinandersetzungen.

Nachdem Hermenegild 579 vom Vater abgefallen war, spielte er den Verfolgten und suchte im Namen des katholischen Glaubens nach Verbündeten. Er fand sie unter den Byzantinern, unter einheimischen Stadtherren, deren Selbständigkeit Leovigild beschnitten hatte, unter den nordwestspanischen Sueben, die knapp ein Menschenalter zuvor katholisch geworden waren, und unter den fränkischen Verwandten seiner Gemahlin. Gegen diese unverkennbare Einkreisungspolitik nützte Leovigild die Uneinigkeit der Merowinger und nahm mit dem König der neustrischen Franken höchst wirksame Verbindungen auf. Überdies besaß Leovigild den Vorteil der inneren Linie, während die Koalition seiner Feinde abwartete und ihm das Gesetz des Handelns überließ. So blieb Leovigild Zeit für seine religionspolitischen Maßnahmen, Zeit, um 581 wieder einmal die Basken zu bekämpfen und mit Hermenegild zu verhandeln.

Hermenegild hatte seinen Taufvater Leander nach Konstantinopel gesandt, wo er der persönliche Freund des späteren Papstes Gregor I. wurde. Aber der Kaiser konnte für ein aktives Eingreifen in Spanien nicht gewonnen werden; zu zahlreich waren die militärischen Engagements und Bedrohungen in weit größerer Nähe zur Hauptstadt: Auf dem Balkan standen Awaren und Slawen, in Italien die Langobarden und an der asiatischen Ostgrenze die Perser. Die regionalen kaiserlichen Befehlshaber Südspaniens blieben auf sich allein gestellt. Aktive Hilfe war allein von den Sueben zu erwarten, deren König Miró die Niederlage wettmachen wollte, die er 576 durch Leovigild erlitten hatte (PLRE 3, 2, 891 f.).

Im Jahre 582 eröffnete der Westgotenkönig den Krieg, den er bis 584 mit großer Härte gegen seinen Sohn und dessen Verbündete führte. Schon im ersten Kriegsjahr fiel Mérida, und damit war die Verbindung zwischen Hermenegild und den Sueben so gut wie unterbrochen; dennoch griffen die Sueben 583 an. In einen Hinterhalt gelockt, mußte Miro kapitulieren und die Oberhoheit Leovigilds anerkennen. Hermenegild hatte sich in seine Hauptstadt Sevilla zurückgezogen; die Stadt fiel nach längerer Belagerung erst 584. Knapp vorher hatte Hermenegild mit seiner Gemahlin Zuflucht im wieder byzantinischen Córdoba gefunden. Aber alle Hoffnungen, die kaiserlichen Truppen doch noch zum Eingreifen zu bewegen, schlugen fehl. Der byzantinische Befehlshaber schloß mit dem Westgotenkönig einen Vertrag, worin er gegen 30 000 Goldsolidi die Stadt Córdoba und wohl auch das übrige seit 579 besetzte Gebiet zurückgab. Hermenegild wurde im Vertrag nicht einmal erwähnt.

Während die Byzantiner mit seiner Gemahlin und seinem kleinen Sohn Athanagild abzogen, suchte Hermenegild Schutz in einer Kirche, um von dort mit dem Vater zu verhandeln. Gegen Zusicherung seines Lebens unterwarf er sich, legte die

Herrschaftszeichen ab, wurde nach Toledo geführt und verzichtete dort offiziell auf seine königliche Stellung. Zuerst nach Valencia verbannt, kam er später nach Tarragona, wo er 585 ermordet wurde, ohne daß man den Schuldigen und dessen Motiv eindeutig nennen könnte.

In den Augen des großen Gregor I. starb Hermenegild wegen seines Glaubens; der Papst machte damit Leovigild für dessen Tod verantwortlich. Im Lande selbst galt der aufständische Königssohn jedoch keineswegs als Märtyrer. Obwohl die Berichterstatter alle Katholiken, ja sogar wie Leander und sein jüngerer Bruder Isidor von Sevilla persönlich von den Vorgängen betroffen waren, bestand völlige Einigkeit in der Ablehnung der Rebellion Hermenegilds. Die *Dialogi* Gregors des Großen wurden zwar in Spanien schnell rezipiert; aber die Märtyrergeschichte Hermenegilds überging man entweder mit Schweigen oder nahm daran bezeichnende Änderungen vor. So heißt es, Reccared sei katholisch geworden und „nicht dem ungläubigen Vater, sondern Christus dem Herrn gefolgt". Gregor der Große hatte aber geschrieben, der König „sei nicht dem ungläubigen Vater, sondern dem Bruder und Märtyrer gefolgt" (vgl. Johannes von Biclaro a. 585, 3, mit Gregor der Große, *Dialogi* III 31). Für die Spanier war es eben bloßer Ehrgeiz, der den Prinzen Hermenegild zur Auflehnung gegen die väterliche Gewalt getrieben hatte, weshalb das scharfe Vorgehen des Vaters durchaus gerechtfertigt schien. Auch die fränkischen Nachbarn sahen es offenkundig nicht anders. Gregor von Tours, der Verfasser der Frankengeschichte, zählte wahrlich nicht zu den Freunden der spanischen Goten. Trotzdem kam auch er zum Schluß: „Der Elende wußte nicht, daß ein göttliches Strafgericht denjenigen trifft, der solches gegen seinen Vater, mag dieser auch ein Häretiker sein, ersinnt." (Gregor von Tours, *Historia Francorum* VI 43).

Nach dem Untergang Hermenegilds marschierten die westgotischen Truppen weiter. Das byzantinische Südspanien blieb zwar bis 625 in verkleinertem Umfang bestehen. Aber mit der Selbständigkeit des Suebenreiches war es 585, nach rund 150 Jahren eigener Geschichte, zu Ende. Es war nur mehr eine

Frage der Zeit, bis die Iberische Halbinsel wieder eine politische Einheit bildete.

Leovigild hatte nicht bloß das Westgotenreich nach innen und außen wiederhergestellt, sondern dem Aufstieg zur neuen Großmacht auch eine imperiale Repräsentanz verliehen. Wie weit Hofhaltung, Zeremoniell, die Erhebung der Söhne zu Mitregenten, die Prägung von Goldmünzen auf den eigenen Namen, die Erwähnung von Siegesmeldungen in den Münzlegenden und schließlich die umfassende Novellierung des gotischen Rechts unmittelbar Byzanz abgeschaut waren oder nicht, ist umstritten und eher fraglich. Die Imperialisierung des Westgotenreichs verzichtete jedenfalls auf jeden Universalismus. So hatte die Erhebung der Söhne zu Mitregenten vor allem den praktischen Grund, das Wahlrecht des Adels auszuschalten und eine Dynastie zu gründen. Die Gesetzgebung zu erneuern, war ebenfalls ein praktisches Desiderat, da die großen westgotischen Kodifikationen zumindest mehr als zwei Generationen zurücklagen. Leovigilds Gesetzbuch, die *Antiqua*, ist heute nur als Teil einer späteren Redaktion überliefert. Aber die Rechtspolitik des Königs ist dennoch klar zu erkennen. Leovigild wollte den Ausgleich zwischen Römern und Goten, wobei die schon 546 beschnittene Sonderstellung der Goten vollends verschwinden sollte. So kam es zur Aufhebung des Eheverbots zwischen Römern und Goten, und zwar, wie der König ausdrücklich sagen ließ, zum Wohl des gesamten Volkes, *populus*, und nicht einer partikularen Gens. Wahrscheinlich hob Leovigild auch das gesamte *Breviarium Alaricianum*, die *Lex Romana Visigothorum*, auf. Jedenfalls stützte sich sein Gesetzeswerk auf den *Codex Euricianus*, was um so leichter fiel, als auch dieses „gotische" Recht römisches Vulgarrecht war. Leovigilds *Antiqua* hatte wohl territoriale Gültigkeit und enthielt zu einem Drittel römisches Recht, das der Festigung der monarchischen Gewalt diente.

Obwohl ein offizieller Königstitel erst wieder für den Sohn Reccared I. überliefert wird, stellte sich Leovigild sicher ebenso als *Flavius rex* dar. Kaiserlich wirkt seine Thronsetzung: „... als erster saß er (auch) unter den Seinen mit königlichen

Gewändern angetan auf dem Thron; denn vor ihm trugen die Könige die gleiche Tracht und befleißigten sich (auch auf dem Thron) der gleichen Aufmachung wie die übrige Gens." (Isidor von Sevilla, *Historia Gothorum* 51).

Hatte sich der Westgotenkönig schon vor Leovigild seinen nichtgotischen Untertanen gegenüber als Herrscher dargestellt, wurde der König nun auch unter seinen eigenen Leuten hervorgehoben. Der Thron nahm einen erhöhten Platz ein; seine Inbesitznahme bedeutete den Akt des Regierungsantritts und war von solcher Bedeutung, daß ein transportabler Thron auch auf Feldzügen mitgeführt wurde. Über die Art der königlichen Gewänder geben die Münzbilder einige Auskunft: Gleich dem Kaiser trug der König eine Chlamys, ein *paludamentum*, das sich vom römischen Feldherrnmantel herleitete.

Zum königlichen Festornat zählten auch Krone und Szepter. Leovigilds Sohn Reccared wurde nachweisbar gekrönt und hat auch eine Krone als Votivgabe an eine Kirche geschenkt. Aus dem 7. Jahrhundert sind solche Kronen im Schatzfund von Guarrazar auf den Namen Reccesvinths (653–672) erhalten geblieben. Die Bedeutung des Herrschaftszeichens läßt sich noch an seiner Perversion erkennen: So ließ König Wamba den besiegten Usurpator Paulus mit einer Schandkrone auf dem Haupt in Toledo einziehen (Julian von Toledo, *Historia Wambae regis* c. 30). Wie der Thron, so gilt auch das Szepter als Zeichen der Herrschaft. Auf dem Kriegszug führte der König ein ihm allein vorbehaltenes Feldzeichen, das „Banner", mit; auch dafür gibt es römische Vorbilder. Der König besaß demnach zur Darstellung seiner Herrschaft Insignien, die das Regnum symbolisierten, die man rechtmäßig ergreifen, usurpieren und freiwillig zurücklegen konnte oder auf die man – dazu gezwungen – verzichten mußte.

Der Rückgriff auf römische Traditionen läßt sich auch an der Tatsache erkennen, daß Leovigild seine Erfolge auf Münzen verewigte, was zwar guter alter kaiserlicher Brauch, aber in Byzanz längst abgeschafft war. Das gleiche gilt für die Übernahme der kaiserlichen Epitheta *pius* (fromm) und *felix* (glücklich), die von der westgotischen Münzprägung nach älteren römischen Vorbildern eingeführt wurde, während Konstantinopel seit etwa der Mitte des 5. Jahrhunderts dafür *pius* und *perpetuus* (immerwährend) schreiben ließ.

Unter Leovigild, der nachweisbar mit seinen Söhnen die Schaffung größerer Verwaltungseinheiten als Gliederungen des Reiches versucht hatte, könnte auch die spätantike Provinzordnung – zumindest teilweise – wiederhergestellt worden sein. Das Tolosanische Reich war in Stadtbezirke eingeteilt, von wo aus Comites mitunter ganze Dukate, militarisierte ehemalige Provinzen, verwalten konnten. Aber diese Comites hatten wie bei den Ostgoten keine Vorgesetzten außer dem König. Spätestens im Toledanischen Reich des 7. Jahrhunderts gab es jedoch sowohl *duces*, die *comites* übergeordnet waren, wie dementsprechend mehrere *ducatus* als territoriale Einheiten; so ist die septimanische Languedoc zum Jahre 694 als Dukat bezeugt.

Im Jahre 586 starb Leovigild, und sein Sohn Reccared I. folgte ihm nach; Widerstand regte sich keiner. Bereits 587 wurde der König Katholik. Nicht alle waren damit einverstanden. Aber nur in Septimanien gab es eine bewaffnete Rebellion, die jedoch bald zusammenbrach.

Nach gründlichen Vorbereitungen trat 589 das Dritte Konzil von Toledo zusammen. Es erschienen alle fünf Metropoliten des Reiches, fast fünfzig katholische und acht arianische Bischöfe, dazu zahlreiche arianische Geistliche und gotische Große. Mit der feierlichen Conversio, Bekehrung, der anwesenden Westgoten behielten die übergetretenen arianischen Bischöfe ihre Würden, auch wenn dadurch gegen das kanonische Recht manche Diözesen doppelt besetzt waren. Die acht Bischöfe bekannten das nicänische Credo und unterschrieben es gemeinsam mit den gotischen Großen, was auch die Schriftlichkeit der letzteren bezeugt. Der für den Übertritt verantwortliche König Reccared galt den Zeitgenossen als „allerheiligster Fürst", als „von göttlichem Geist erfüllt", ihm komme „apostolisches Verdienst zu, da er die apostolische Pflicht erfüllt hat". Mit solchen und ähnlichen Worten akklamierte die Versammlung den König und feierte ihn wie den „apostelgleichen" Basileus. War dieser der „rechtgläubige Kaiser", regierte nun in Toledo der „rechtgläubige König".

Einer solchen Darstellung des Königtums entsprach die tatsächliche Kirchenherrschaft des Herrschers, die der des Kaisers glich. In einem Brief an Papst Gregor den Großen schrieb Reccared, er sei nach Gott der höchste Herr seiner Untertanen. Schließlich war Reccared auch einer der größten Siege vergönnt, die ein gotisches Heer je über den fränkischen Nachbarn errang. Wie die Unterwerfung der Basken bis heute keiner fremden Macht gelang, blieb jedoch auch Reccared hier ein wirklicher Erfolg versagt. Als er 601 starb, folgte sein Sohn Liuva II. wie selbstverständlich nach. Der 18jährige Herrscher konnte jedoch das große Erbe des Vaters und Großvaters nicht bewahren und fiel bereits als 20jähriger einer Verschwörung zum Opfer (PLRE 3, 2, 794).

Das Reich von Toledo (603–710): Ein Überblick

Im Jahre 603 endete die Dynastie Leovigilds, und die Westgoten kehrten zur Wahlmonarchie mit all ihren mörderischen Mechanismen zurück. Von den 17 Westgotenkönigen des 7. Jahrhunderts wurden zehn mit Sicherheit oder wahrscheinlich abgesetzt oder ermordet. Trotzdem bestand das Reich fort. Das von der Kirche geheiligte Königtum und die Macht des grundbesitzenden Adels schlossen an die starke römische Tradition im Lande an und leiteten eine sozial-rechtliche wie wirtschaftliche Entwicklung ein, die den mittelalterlichen Lehensstaat vorwegnahm. Der Ausgleich zwischen Goten und Römern setzte einen Prozeß in Gang, der die Entstehung der ersten mittelalterlichen Nation vorbereitete. Dazu kam die Königssalbung, der höchste Ausdruck des Gottesgnadentums.

Im Jahre 673 hatte Septimanien rebelliert; der von König Wamba (672–680) zur Niederwerfung des gotischen Galliens entsandte Dux Paulus schloß sich den Septimaniern an und usurpierte die Herrschaft. Nach vollzogener Tat schrieb er seinem einstigen Herrn einen hohnvollen Brief, der mit den Worten beginnt: *Flavius Paulus unctus rex orientalis Wam-*

bani regi austro, „Flavius Paulus, gesalbter Ostkönig, an den Südkönig Wamba." (Julian von Toledo, *Historia Wambae regis, Epistola Pauli*). Damit wollte Paulus zweierlei sagen: Erstens sollte das Westgotenreich entlang der nationalen Bruchlinien geteilt und Septimanien als eigenes Regnum anerkannt werden. Zweitens aber gab es nur einen einzigen flavischen und einen einzigen gesalbten König, und dieser war der Usurpator selbst. Es bedeutete freilich den Gipfel der Provokation, wenn er sich Wamba gegenüber auf die Salbung berief, da gerade dieser König besonderen Wert auf das Sakramentale legte.

Der Westgotenkönig nahm die doppelte Herausforderung an: Es war ihm ein leichtes, ein großes spanisches Heer zu sammeln, da es gegen die verachteten Gallier ging, und er suchte als rechtmäßig Gesalbter des Herrn ein günstiges Gottesurteil zu erwirken. Aber nicht alle, die im Heer mitzogen, waren wie der König reinen Herzens. Noch in Spanien begannen sie zu plündern, die Häuser anzuzünden und die Dorfmädchen zu vergewaltigen. Das Alte Testament zitierend, soll der König erklärt haben, „wenn wir uns nur von Verbrechen reinhalten, dann werden wir ohne Zweifel über unsere Feinde triumphieren". (Julian von Toledo, *Historia Wambae regis* c. 10) Danach trennte er sich von den Schuldigen auf eindeutige Weise.

Die antijüdische Gesetzgebung, die jeweils unmittelbar nach 589 von den toledanischen Reichskonzilien unter Vorsitz des Königs erlassen wurde, zählt zu den schrecklichsten und unsinnigsten Kodifikationen des Hasses, zu denen das Mittelalter, und nicht bloß das Mittelalter, fähig war. Gerade aber vor diesem Hintergrund wird die Strafe verständlich, die Wamba an denjenigen vollziehen ließ, die seinen heiligen Krieg gefährdeten. Der König ließ die Vergewaltiger beschneiden, verstieß sie aus dem Heer, machte sie zu Nichtchristen, zu Juden.

König Wamba (672–680) war im Jahr vor der Paulus-Usurpation zur Herrschaft gelangt. Er ist der erste Westgotenkönig, dessen Salbung nach alttestamentlichem Vorbild eindeutig, ausführlich und wie selbstverständlich beschrieben wurde. Das Sakramentale hatte keine rechtskonstitutive Wirkung; diese besaß allein die Wahl. Aber die Salbung legitimierte ein Königtum, dem das dynastische Charisma fehlte. Was für Wamba überliefert wird, muß jedoch nicht erst für ihn ‚erfunden' worden sein. Wahrscheinlich wurde schon 631 ein Westgotenkönig gesalbt, und auch er war nicht unbedingt der erste.

Den Zeitgenossen schien zunächst das Sakramentale offenkundig von geringerer Bedeutung, da die westgotischen Königslisten erst mit 680, das heißt vom Nachfolger Wambas an, das Datum der Salbung anführen. Das zunehmende Interesse daran läßt aber erkennen, daß sein Wert stetig wuchs. Als Bonifatius 751 den bisherigen Hausmeier Pippin III. zum König der Franken salbte und drei Jahre später Papst Stephan II. die heilige Handlung wiederholte sowie auf die Söhne des Königs ausdehnte, erfüllte sie den gleichen Zweck wie einst in Spanien. Hier fehlte seit jeher eine Königssippe im fränkischen Sinne. Keine Dynastie konnte ein Geblütsrecht beanspruchen, das auch nur entfernt an das der Merowinger herangereicht hätte. Diesen Mangel an politischer Kontinuität dürfte die Königssalbung als eine der bischöflichen Konsekration entlehnte und vergleichbare Handlung behoben haben. Zum erstenmal haben die Westgoten einen der Ihren zum König gesalbt und damit ein Vorbild für das europäische Königtum geschaffen.

Das Westgotenreich des 7. Jahrhunderts war in seinen Stärken wie in seinen Schwächen der vollkommene Nachfolgestaat des Römerreiches. Die Zerrissenheit Italiens und die Schwäche sowohl der Merowinger wie der von allen Seiten bedrohten Byzantiner ließen Toledo bald konkurrenzlos erscheinen. Das Fehlen einer Herausforderung von außen bewirkte hier aber den Rückzug in eine *splendid isolation*; man verlor das Interesse am Rest der Welt. Im Westgotenreich blühte die lateinische Schriftlichkeit wie nirgendwo sonst in Europa, wo man erst, wenn überhaupt, mühsam wieder die Buchstaben lernte. Obwohl die meisten Bauten der Westgotenzeit verschwunden sind, blieben doch einige nordspanische

Kirchen aus dem 7. Jahrhundert erhalten. Hier zeigt die Kirchenplastik sowohl byzantinischen wie orientalischen Einfluß, während selbst in der Kleinkunst die germanischen Traditionen, die im 6. Jahrhundert noch gelebt hatten, aufgegeben wurden.

Die westgotische Wirtschaft scheint sich in einem klein gewordenen, nach zeitgenössischen Maßstäben aber immer noch großen Raum eingerichtet zu haben. Ein florierender Außenhandel wurde weder betrieben noch vermißt, sonst hätte man es sich nicht leisten können, das jüdische Element so nachhaltig zu verfolgen. Der Reichtum lag traditionell in der Landwirtschaft. Das spätantike Latifundienwesen setzte sich in einem Konzentrationsprozeß fort, der den Reichtum vermehrte und die Zahl der Abhängigen, ob nun kleine Freie oder Unfreie, wachsen ließ. Allerdings würden die Aussagen der normativen Quellen trügen, wonach eine kleine Schar von Herren über eine amorphe Masse von Knechten herrschte, so daß der Untergang des Westgotenreiches aus sozialen Gründen gleichsam vorbestimmt war.

Das Ende des Reichs (711–725)

Im Jahre 625 hatte König Suinthila (621–631) Cartagena, die Hauptstadt der byzantinischen Provinz, eingenommen und war damit der erste Westgotenkönig geworden, der „die Herrschaft über ganz Spanien" (diesseits der Straße von Gibraltar) besaß" (Isidor von Sevilla, *Historia Gothorum* 62). Danach mußte Spanien jahrzehntelang keine fremden Heere mehr auf seinem Boden dulden; es herrschte Friede, sieht man von den üblichen Baskenkämpfen im Norden und den mittelmeerischen Piratenangriffen ab. Allerdings war unter den Seeräubern zwischen 672 und 680 ein neues Element aufgetaucht, als nämlich eine arabische Flotte spanische Küstenstädte verheerte.

Das 17. Toledanische Konzil, das 694 unter dem Vorsitz des Königs in der Hauptstadt tagte, erreichte den Gipfel der antijüdischen Gesetzgebung. Die Maßnahmen wurden nicht zuletzt damit begründet, daß die spanischen Juden mit ihren ausländischen Glaubensbrüdern in Verbindung stünden, um sich gegen das Westgotenreich zu verschwören. Kontakte mit dem Ausland gelten bis heute isolationistischen Systemen als Verbrechen, und Weltläufigkeit gehört eben zum Wesen des Judentums. Daher wußten die verfolgten spanischen Juden auch von der Duldung ihrer Glaubensbrüder unter arabischer Herrschaft. Sie konnten von einer Änderung der Dinge nur gewinnen.

Wenn die Konzilsakten von 694 – sie sollten die letzten bleiben, die die Nachwelt bewahrte – mit überklarer Deutlichkeit zeigen, daß König und Große die drohende Gefahr ernst nahmen, war die Verschärfung der Judenverfolgungen die wohl am wenigsten wirksame Maßnahme dagegen. Wirklich bedurft hätte es einer radikalen Verbesserung der Heeresstruktur sowie eines Ausgleichs zwischen den beiden Königsgeschlechtern der Westgoten.

Das Westgotenheer hatte mit den römischen Föderaten, die 451 Attila besiegten, und mit dem Heer, das Franken und Byzantiner in wechselvollen Kämpfe bekriegte, nur mehr den Namen gemein. Was der König aufbieten konnte, war im wesentlichen der Adel, der mit seinen freien und vor allem unfreien Leuten den Fahnen folgte, sofern dies seinen Interessen diente. So schien es den hohen Herren eben genug zu sein, jeden zwanzigsten Sklaven auf den Kriegszug mitzunehmen, oder sich überhaupt wegen Krankheit zu entschuldigen und nur die Unfreien zu schicken. Der König hätte sich schon damit zufrieden gegeben, wäre wenigstens jeder zehnte Sklave mit seinem Herrn in den Krieg gezogen (*Leges Visigothorum* IX 2, 8 f.).

Die qualitativ wichtigsten Einheiten des Westgotenheeres waren freilich die berittenen Adeligen und diejenigen ihrer Gefolgsleute, die sich die Ausrüstung eines Reiterkriegers leisten konnten oder für die sie von ihrem Herrn bereitgestellt wurde. Da aber die Zahl der mitziehenden Unfreien, für die ebenfalls niemand anderer als ihr Herr aufkam, immer größer wurde, gab es immer mehr leichtbewaffnete Fußkrieger. Und daß irgendeine gotische Infanterie nach 500 großen Kampfwert besessen hätte, davon wissen die Quellen nichts.

Seit der Mitte des 7. Jahrhunderts hatte sich die Wahlmonarchie stark gewandelt. Zu Königen gewählt wurden Wamba 672 und Roderich 710. Die anderen Könige waren durch Designation oder Erhebung zum Mitregenten zur Herrschaft gelangt. Aber die Zahl der königsfähigen Familien hatte sich auf die beiden konkurrierenden Zweige einer einzigen Sippe reduziert; sie leiteten sich von Chindasvinth (642–653) her und waren miteinander aufs heftigste verfeindet. Ihr Ahnherr, Westgotenkönig zwischen seinem 79. und 90. Lebensjahr, hatte als großer Gesetzgeber, ideenreicher Reorganisator und rücksichtsloser Verfolger des Adels dafür gesorgt, daß nur mehr seine Nachkommen als Könige in Frage kamen. In den Jahren 693/94 und 707/09 hatten schwere Pestepidemien das Westgotenreich heimgesucht. Zwischen 698 und 701 muß ein byzantinischer Flottenverband nach der vorübergehenden Wiedereroberung von Karthago an der spanischen Ostküste – wahrscheinlich im Raum von Alicante – gelandet sein, wurde jedoch zurückgeschlagen.

Im Frühsommer 710 hatten die Westgoten Roderich zum König gewählt, nachdem sein Vorgänger Vitiza aus dem anderen Zweig der königlichen Familie gestorben war. Die Verwandten des toten Königs wollten aber die Wahl Roderichs nicht hinnehmen. So leisteten sich die Westgoten den Luxus eines heftigen Streits zwischen den beiden führenden Familien, während jenseits der Meerenge von Gibraltar der Heilige Krieg vorbereitet wurde.

Nachdem Tarik mit seinem vorwiegend aus Berbern bestehenden Heer spanischen Boden betreten hatte, kam es am 23. Juli 711 am Flüßchen Guadalete südlich von Arcos de la Frontera in der Provinz Cádiz zur denkwürdigen Schlacht. Roderich und seine Gegner waren gemeinsam in den Kampf gezogen und fanden gemeinsam den Tod. Die Dolchstoßlegende vom Verrat der Roderich-Gegner ist jüngeren Ursprungs. Tarik hatte etwa 12 000 Mann, und das Gotenheer wird weder wesentlich stärker noch schwächer gewesen sein.

Die Katastrophe beendete jedoch keineswegs die westgotische Kampfbereitschaft südlich wie nördlich der Pyrenäen. Es vergingen weitere 14 Jahre, bis die Araber ihren Sieg in der Schlacht von 711 zu einem gewonnenen Krieg ausgebaut hatten. Die überlebenden Großen waren in ihren heimatlichen Regionen sehr wohl imstande, ihre Leute aufzubieten und hartnäckigen, keineswegs erfolglosen Widerstand zu leisten. Ob sie nun Muslime wurden oder nicht, sie galten den Arabern als tapfere Gegner und wurden mit Großmut behandelt. Die gallischen Goten wurden anerkannte Angehörige des Frankenreichs. Der Gote Vitiza, gestorben 821, war der zweite Gründer des benediktinischen Mönchtums; die Geschichtsbücher kennen ihn als Benedikt von Aniane. Auf der Iberischen Halbinsel blieben die Goten ebenfalls von Bedeutung. Ihre Tradition zog sich aber nach Norden in das Asturische Bergland zurück, das zu den „Zeiten der Goten" nur lose zum Reich gezählt hatte. Die Goten hatten Spanien geeint; die *gens vel patria Gothorum* war das Land, in dem das erste Staatsvolk des Mittelalters eine Nation zu bilden begann. Der Umbruch von 711/25 beendete abrupt diesen Prozeß, und es fragt sich mit Recht, was davon in den langen Jahrhunderten arabischer Herrschaft fortbestehen oder sie gar beeinflussen und bestimmen konnte. Der spanische Gotizismus war allerdings erst das Ergebnis einer bewußten Renaissance, reichte auch seine Wirkungsgeschichte fast bis in unsere Gegenwart. Der politisch-institutionelle Vorsprung Spaniens aber blieb – dank der Herrschaft von Goten und Arabern – erhalten. Erhalten blieb aber auch die Faszination, die mit dem Gotennamen in Spanien wie in ganz Europa verbunden war. Als Erzbischof Arn von Salzburg (785/98–820) im Jahre 799 die Briefe seines Freundes Alkuin, des gelehrten Angelsachsen und Abtes von Saint-Martin-de-Tours, in seiner Metropolitanstadt abschreiben und binden ließ, war ein Blatt des Kodex nicht bloß dem gotischen Alphabet, sondern auch einigen Sätzen aus der Gotenbibel gewidmet (Streitberg 1, S. XXX).

Literatur- und Quellenverzeichnis

Das Literaturverzeichnis ist als eine stark auswählende, weiterführende Literatur behandelnde *bibliographie raisonnée* gedacht.

Bierbrauer, Volker: *Archäologie und Geschichte der Goten vom 1.–7. Jahrhundert. Versuch einer Bilanz.* Frühmittelalterliche Studien 28 (1994) 51–171. Diese umfangreiche, einer Monographie gleichkommende Abhandlung stellt einen ganz großen Entwurf der gotischen Archäologie von den gutonischen Anfängen bis ins Reich von Toledo dar.

Ders.: *Die ostgotischen Grab- und Schatzfunde in Italien* (Biblioteca degli studi medievali 7, Spoleto 1975). Man kann diese Arbeit als Beispiel für die danach entstandene „Ethno-Archäologie" nennen.

Chrysos, Evangelos: Von diesem Autor liegen zahlreiche Arbeiten zur Geschichte der Goten in neugriechischer, englischer und deutscher Sprache vor; doch sind sie als Aufsätze an verstreuten Orten erschienen. Dagegen ist die große Monographie, die sich mit dem Verhältnis von Byzanz zu den Goten beschäftigt, nur in neugriechischer Sprache zugänglich (Thessaloniki 1972).

Claude, Dietrich: *Adel, Kirche und Königtum im Westgotenreich* (Vorträge und Forschungen, Sonderband 8, Sigmaringen 1971).

Ders.: *Geschichte der Westgoten* (Urban Taschenbücher 128, Stuttgart 1970). Beide Bücher des leider früh verstorbenen Autors sind immer noch die besten Darstellungen der Geschichte und Verfassung des spanischen Westgotenreichs in deutscher Sprache, obwohl sie schon vor drei Jahrzehnten veröffentlicht wurden.

Demandt, Alexander: *Geschichte der Spätantike von Diocletian bis Justinian, 284–565 n. Chr.* (Beck's Historische Bibliothek, München ²1998). Die nicht nur in deutscher Sprache modernste und beste Darstellung der spätrömischen Geschichte, erstmals als *Die Spätantike* (Handbuch der Altertumswissenschaften III.6) 1989 erschienen, wurde von einem anerkannten Althistoriker verfaßt, dem die Welt der Barbaren aufgrund seines fachlichen Blickwinkels mitunter freilich etwas fremd bleibt.

Ensslin, Wilhelm: *Theoderich der Große* (München ²1959). Diese Monographie, die im wesentlichen vor einem halben Jahrhundert entstand, bildet in deutscher Sprache nach wie vor die Grundlage für die Geschichte des italischen Ostgotenreichs unter Theoderich dem Großen.

Fiebiger/Schmidt siehe *Inschriftensammlung*.

Geary, Patrick: *Before France and Germany. The Creation and Transformation of the Merovingian World* (New York/Oxford 1988). Dieses Buch wurde ins Französische übersetzt und erschien bei C. H. Beck unter dem Titel: *Die Merowinger. Europa vor Karl dem Großen* (München 1996). Es bietet eine vortreffliche, inhaltlich wie methodisch moderne Darstellung des Gegenstands und ist als Lesebuch wie als Lernbuch bestens geeignet.

Graus, František: *Lebendige Vergangenheit. Überlieferung im Mittelalter und in den Vorstellungen vom Mittelalter* (Köln 1975). Eine sehr lesenswerte und vor allem methodisch wie inhaltlich vorbildliche Untersuchung des vorwissenschaftlichen Geschichtsbilds und dessen Einwirkung auf die Historie.

Helm, Karl: *Altgermanische Religionsgeschichte* 2, 1 (Heidelberg 1937). Diese Monographie bildet nach wie vor die Grundlage auch der gotischen Religionsgeschichte. Es wäre freilich höchst an der Zeit, sich mit dem Thema wieder ausführlich und nach modernen methodischen Grundsätzen zu beschäftigen.

Inschriftensammlung zur Geschichte der Ostgermanen (hgg. Otto Fiebiger/Ludwig Schmidt, DsÖAW 60, 3, und 70, 3, Wien 1918/39).

Pohl, Walter: *Die Gepiden und die gentes an der mittleren Donau nach dem Zerfall des Attilareiches*. Die Völker an der mittleren und unteren Donau im 5. und 6. Jahrhundert (hgg. Herwig Wolfram/Falko Daim, DsÖAW 145, Wien 1980) 239–301. Dieser umfangreiche, einer Monographie gleichkommende Aufsatz bildet die modernste und methodisch beste Darstellung der völkerwanderungszeitlichen Geschichte des mittleren Donauraums. Pohl ist ein international anerkannter Frühmittelalterhistoriker, der sich in umfassender Weise mit der Vielfalt ethnogenetischer Prozesse auseinandersetzt und im besonderen die Langobarden behandelt.

Ders.: *Die Germanen*. Enzyklopädie Deutscher Geschichte 57 (München 2000). Von dieser hervorragenden Arbeit wird eine enorme Menge von Literatur zum Thema kritisch verarbeitet, wobei der Autor seine Quellenkenntnis und die Ergebnisse seiner eigenen Forschungen überzeugend einbringt. Pohls „Germanen" sind ein verläßlicher Führer durch das Labyrinth der Germanenforschung, die sich lange Zeit nicht von außerwissenschaftlichen Ansprüchen, ja Perversionen freimachen konnte.

Ders.: *Hunnen*. Reallexikon der Germanischen Altertumskunde 15 (Berlin ²2000) 246–256. Leicht zugänglicher, nach modernen Methoden gestalteter Überblick über die Geschichte der Hunnen mit reichen Literaturangaben.

Ders.: *Die Völkerwanderung. Eroberung und Integration* (Stuttgart ²2005). Wie vom Autor nicht anders zu erwarten, stellt dieses Buch nüchtern und nach modernsten methodischen Erkenntnissen ein zeitgeschichtlich schwer belastetes Thema dar und lädt zu einer „geduldigen Betrachtung" einer „fast unerschöpflichen Vielfalt historischen Geschehens" ein.

Prosopography of the Later Roman Empire (edd. Arnold Hugh Martin Jones/John Robert Martindale/John Morris. Bände 1–3, 1 und 2, Cambridge 1971/80/92).

Quellen, Griechische und lateinische zur Frühgeschichte Mitteleuropas (hg. Joachim Herrmann, Schriften und Quellen der Alten Welt 37, 1–4, Berlin 1988/90/91/92). Diese vier Bände enthalten alle Schriftstellen der antiken Autoren in der Originalsprache wie in deutscher Übersetzung, die bis zum Ende des 5. Jahrhunderts die Germanen insgesamt behandeln. Außerdem sind jeder Quelle ein ausführlicher Kommentar beigegeben. Die Quellenausgabe legt allerdings keinen Wert auf „Gotisches" und bringt nur wenige Quellenstellen zur gotischen Geschichte. Im besonderen fehlen die Quellen zur Geschichte der Goten vom 6. bis zum beginnenden 8. Jahrhundert, das heißt, vor allem die *Getica*, Procopius, Agathias und die spanischen Autoren.

Zur *Quellenkunde* mit Editionsangaben siehe
(1) Wilhelm Wattenbach/Wilhelm Levison/Heinz Löwe, *Deutschlands Geschichtsquellen im Mittelalter. Vorzeit und Karolinger* 1–6 (Weimar 1952/53–1990).
(2) Herbert Hunger, *Die hochsprachliche profane Literatur der Byzantiner.* 1 und 2 (Handbuch der Altertumswissenschaft 12, 5, 1 und 2, München 1978).
(3) Pohl, Germanen (siehe oben).
(4) Wolfram, Goten (siehe unten).

Schmidt, Ludwig: *Die Ostgermanen* (München ²1941 – Neudruck 1969). Der Autor, dessen grundlegende Werke bereits 1914 in erster Auflage erschienen, ist aus der deutschen Germanen-Forschung nicht wegzudenken, obwohl manche seiner Wertungen und Begriffe – so versteht er die Goten und andere Völker der Wanderungszeit als „deutsche Stämme" – heute unhaltbar, ja unerträglich geworden sind.

Streitberg, Wilhelm, *Die gotische Bibel.* 2 Bände (Darmstadt ⁶1971), enthält die gotischen Sprachdenkmäler mit allen spätantiken Erwähnungen Wulfilas.

Weissensteiner, Johann: *Jordanes.* Reallexikon der Germanischen Altertumskunde 16 (Berlin ²2000) 77–80. Derzeit beste und übersichtlichste Darstellung der Problematik der Getica nicht nur in deutscher Sprache.

Wenskus, Reinhard: *Stammesbildung und Verfassung. Das Werden der frühmittelalterlichen Gentes* (Köln/Graz 1961 – Neudruck 1977). Der grundlegende methodische Fortschritt des Autors bestand einmal in der Überwindung jeglicher nationalistischer und etatistischer Betrachtungsweise, zum anderen in der Unterscheidung zwischen der Wortwahl der Überlieferung und ihrer Bedeutung. Dabei erkannte er, daß die Ausdrücke, die die Vorstellung von Abstammungsgemeinschaften wiedergeben, nichts mit der historischen Wirklichkeit zu tun hatten. Völker entstehen nicht „aus dem Blut", sondern aufgrund einer gemeinsamen Verfassung.

Wolfram, Herwig: *Die Germanen* (C. H. Beck, Wissen, München ⁸2005). Davon gibt es eine polnische Übersetzung *Germanie* (Krakau 1996) und eine italienische *I Germani* (Bologna, 2005).

Ders.: *Die Goten. Von den Anfängen bis zur Mitte des sechsten Jahrhunderts. Entwurf einer historischen Ethnographie* (München ⁴2001). Davon gibt es eine italienische (1985), amerikanische (1988), französische (1990) und russische (2003) Übersetzung.

Ders.: *Das Reich und die Germanen* (Berlin ²1992), übersetzt als *The Roman Empire and its Germanic Peoples* (UC Press, Berkeley/Los Angeles/London 1997).

Ders.: *Gotische Studien. Volk und Herrschaft im frühen Mittelalter* (C. H. Beck, München 2005).

Abkürzungsverzeichnis

AM	Ammianus Marcellinus, *Res gestae*
AV	Anonymus Valesianus I–II
BG	Procopius, *De bello Gothico* I–IV (V–VIII)
DsÖAW	Denkschriften der Österreichischen Akademie der Wissenschaften, philosophisch-historische Klasse
Getica	Iordanes, *Getica*
MGH	Monumenta Germaniae Historica
Panegyricus	Ennodius, *Panegyricus*
PLRE	Prosopography of the Later Roman Empire 1–3, 1 und 2 (260–641)
Romana	Iordanes, *Romana*
Variae	Cassiodor, *Variae*

Personenregister

Abkürzungen: Bi. = Bischof., Br. = Bruder, C. = Comes, D. = Dux, d. = der, die das, geb. = geboren, Gem. = Gemahl(in), gen. = genannt, gest. = gestorben, Hl. = Heilige(r), Jh. = Jahrhundert, Kg. = König, Ks. = Kaiser, MM = magister militum, Heermeister, MVM = magister utriusque militiae, höchster Heermeister, s. = siehe, S. = Sohn, Schw. = Schwester, T. = Tochter, V. = Vater, v. = von

Ablabius, got. Geschichts-
  schreiber (?) 16
Aeneas, trojan.-röm. Heros 26
Alarich I., Westgotenkg
  (391/395–410) 35, 52–58, 62,
  64, 98, 103
Alarich II., Westgotenkg.
  (484–507) 66, 68–72, 84, 86f.,
  101
Alaviv, terwing. D. (376/77), V.
  Alarichs I. (?) 49, 54
Alexander d. Gr. 16
Alkuin, angelsächs. Gelehrter
  († 804) 118
Amal, Stammvater d. Amaler
  27–29, 41
Amalaberga, Nichte Theoderichs
  d. Gr., Thüringerkgin
  (ca. 510–534) 86
Amalafrida, Schw. Theoderichs
  d. Gr. († 25) 74, 84, 86
Amalarich, Westgotenkg.
  (526–531) 84, 91, 94, 101–103
Amalasuintha, T. Theoderichs d.
  Gr. († 535) 17, 74, 84, 86, 91–93
Ansila, myth. Br. Ermanarichs 28
Ansis, Asen s. Amaler 27–29, 41
Aorich, Terwingerichter (?) (332)
  37, 54
Apollinaris, S. v. Sidonius, C. d.
  Auvergne 73
Ares, griech. Kriegsgott, s. Mars 41
Ardarich, Gepidenkg. (453) 60
Ariarich, Terwingerichter (?)
  (332) 36, 54

Arius, Begründer d. Arianismus
  (etwa 260–336) 90
Arn, Bi./Erzbi. v. Salzburg
  (785/98–820) 118
Askenez, Enkel Japhets, S. Gomers
  10f.
Aspar Ardabur, MVM Ost
  (431–471), Konsul (434) 76, 81
Athala, S. v. Hunuil 28
Athalarich, Ostgotenkg.
  (526–534) 24, 26, 84, 91f., 94
Athanagild, Westgotenkg.
  (551/555–568) 104f.
Athanagild, S. v. Hermenigild 107.
Athanarich, Terwingerrichter
  (365–376/81) 9, 37f., 41, 46,
  48–50, 54
Athaulf, Westgotenkg. (410–415)
  58, 62f.
Attalus, Usurpator (409–410/416)
  57
Attila, Hunnenkg. (ca. 434–453)
  28, 58–62, 101, 116
Audofleda, Schw. Chlodwigs,
  Gem. Theoderichs d. Gr. 74, 86
Augustinus, Hl., († 430) 10
Augustus, Ks. (31 v.–14 n. Chr.)
  62, 78
Aurelian, Ks. (270–275) 34
Avitus, Usurpator (455–456) 66,
  72 f.

Belisar, MVM Ost (ca.
  500–ca.565) 79, 93–98, 100
Benedikt v. Aniane s. Vitiza

123

Berig, myth. Gotenkg. 15, 29
Bleda, Br. Attilas 59 f.
Boethius, Philosoph († 524) 89–91
Bonifatius (Winfrid), Hl., Bi.
(† 754) 114
Brigit, irische Hl. 31.
Brunichilde, Frankenkgin († 613) 104
Burebista, Dakerkg. um 50 v. Chr. 16

Cassiodor, Senator, „Minister" Theoderichs d. Gr. 14–18, 22, 24–29, 35, 98
Childebert I., Frankenkg. (511–558) 102
Chindasvinth, Westgotenkg. (642–653) 117
Chlodwig, Frankenkg. (481–511) 31, 68–70, 74, 78, 86 f., 102
Chlotchilde, T. Chlodwigs 102
Chrotechilde, Gem. Chlodwigs 102
Claudius II. Gothicus, Ks. (268–270) 34
Constantius (III.), Patrizius und MVM (410/411–421), Westks. (421) 63 f.

Decius, Ks. (249–251) 33
Dekaineos, myth. get. Gesetzgeber 16
Dietrich v. Bern, Theoderich d. Gr. d. Sage 11, 62, 83, 89 f.
Diokletian, Ks. (284–305) 9
Dion Chrysostomos, griech. Historiograph (geb. um 50 n. Chr.) 17
Domitian, Ks. (81–96) 16, 31

Edika, V. Odoakers 60
Elias, Prophet 45
Ennodius, Bi. v. Pavia († 521) 85
Ereleuva-Erelieva, Mutter Theoderichs d. Gr. 74

Ermanarich, Kg. d. Ostrogothen/Greutungen (ca. † 375) 25, 28, 42, 47
Etzel, Attila der Sage 90
Eudoxios, Bi. v. Konstantinopel (360–370) 46
Eugenius, Usurpator († 394) 54
Eurich, Westgotenkg. (466–484) 64, 66–68, 70, 72 f
Eusebia s. Ereleuva 74
Eusebios, Bi. v. Konstantinopel (338–341/342) 44
Eutharich, Gem. Amalasuinthas († 522/523) 79, 84, 90
Eutyches, Kappadokier, kath. Vorgänger Wulfilas 44

*Fairguneis, got. Hochgott (?) 41
Ferdinand I., Kg./Ks. (1503–1564) 12
Filimer, myth. Gotenkg. 26, 59
Fortuna, röm. Glücksgöttin 36
Friderich, Br. Theoderichs (II.) 64–66
Fritigern, got. Heerführer (376–378) 46, 48–54

Gainas, MM († 400) 54
Galla Placidia, Schw. d. Honorius, Gotenkgin 58, 62 f.
Gaut, skandinav. Gott, Begründer d. Amaler 27, 29, 41
Gautr s. Odin 27
Geberich, Gotenkg. 25
Gelasius, Papst (492–496) 80
Geiserich, Vandalenkg. (428–477) 74
Germanus, Neffe Justinians († 550) 98 f.
Gesalech, Westgotenkg. (507–511) 84, 101
Gomer, S. Japhets 10 f.
Gratian, Westks. (375–383) 50, 52 f.
Gregor I. d. Gr., Papst (590–604) 100, 107 f., 112

Gregor, Bi. v. Tours (†594) 108
Gudila, myth. Gotenkg. 16

Hartmann, Ludo Moritz,
  Althistoriker 98
Herkules, griech. Heros 16
Hermenegild, S. Leovigilds (†585)
  105–108
Herminafrid, Thüringerkg.
  (vor 510–534) 86
Herodot, „Vater d. Geschichte"
  (ca. 484–ca. 425 v. Chr.) 23, 61
Hieronymus, Hl. (†420) 10
Hildebad, Ostgotenkg. (540/541)
  103
Hildebrand, germ. Sagenheld 90
Himnerith, S. Theoderids 64
Hisarna, „der Eiserne", S. Amals
  28
Honorius, Westks. (395–423) 56 f.
Humli (Hulmul), mythischer
  V. d. Dänen 27
Hunerich, Vandalenkg. (477–484)
  105
Hunigild, V. v. Papst Pelagius II.
  100.
Hunuil, S. v. Ostrogotha 28
Hunulf, Br. Odoakers (†493) 60,
  84

Ibba, C., ostgot. Heerführer in
  Gallien (508/513) 101
Ildiko, letzte Gem. Attilas 58
Ingunde, Gem. Hermenegilds 105
Ing, germ. Gott 41
Irmin, germ. Gott 41
Isidor, Bi. v. Sevilla (†636) 11,
  103, 108

Japhet, S. Noahs 10
Jordanes, got. Historiograph
  (um 550) 15, 28, 98
Jupiter, röm. Gott 41
Justinian I., Ostks. (527–565) 80,
  88, 92 f., 96, 98 f.

Justinus I., Ostks. (518–527) 75,
  79, 80

Karl der Große, Frankenkg./Ks.
  (768/800–814) 11
Konstantin I. d. Gr., Ks. (306–337)
  11, 31, 36
Konstantius II., Ks. (337–361) 45
Krimhild, Gem. Etzels 58, 90
Kniva, Gotenkg. (um 250) 33

Lazius, Wolfgang, Hofhistoriograph Ks. Ferdinands I. 12
Leander, Br. Isidors v. Sevilla 105,
  107 f.
Leovigild, Westgotenkg.
  (568/69–586) 104–112
Liuva I., Westgotenkg.
  (568/69–572) 104
Liuva II., Westgotenkg. (601–603)
  112.
Ludwig I. d. Fromme, Ks.
  (814–840) 11

Marbod, Markomannenkg.
  (6 v. Chr.–18/19 n. Chr.) 21
Mars, röm. Kriegsgott 12, 41, 61
Matasuntha, Enkelin Theoderichs
  d. Gr. 94 f., 98
Miró, span. Suebenkg. (um 580)
  107
Moses 45

Narses, MVM Ost (†ca.567) 99 f.
Nepos, Westks. (474–475/80) 67
Noah 10

Odin, skandinav. Hochgott s. auch
  Wodan 27, 41
Odoaker, ital. Kg. (476–493) 60,
  65, 67, 69, 71, 78 f., 83 f., 86
Ostrogotha, Gotenkg. (ca.290)
  28 f.
Ostrogotho (Areagni),
  T. Theoderichs d. Gr. 86

Pallas Athene, griech. Göttin 14
Paulus, Apostel 17
Paulus, westgot. Usurpator (673) 110, 112 f.
Pelagius, Papst (579–590) 100
Petrus, Apostelfürst 80
Philipp II., Kg. v. Makedonien, V. Alexanders d. Gr. 16
Philippus Arabs, Ks. (244–249) 32
Platen, August Graf v. 58
Plinius d. Ä. 21
Pippin III. (I.), Hausmeier/ Frankenkg. (741/51–768) 114
Prokop v. Kaisareia, griech. Historiograph, Sekretär Belisars 79, 97
Ptolemaios, griech. Geograph (ca. 150 n. Chr.) 22

Radagaisus, (ost)got. Heerführer (405/406) 56 f.
Reccared I., Westgotenkg. (573/86–601) 104–106, 108–112.
Reccesvinth, Westgotenkg. (653–672) 110
Retemer(is)-Rikimer, S. Theoderids 64
Roderich, Westgotenkg. (710–711) 117
Rodulf, Erulerkg. (†ca. 508) 87
Roduulf, skandinav. Kg. (um 510) 29
Romulus, sagenhafter röm. Gründerkg. 26
Romulus Augustulus, Usurpator, gilt als letzter Westks. (abgesetzt 476) 67

Saba, terwing. Märtyrer (†372) 39 f.
Sidonius Apollinaris, Bi. v. Clermont († nach 480) 73
Sigismund, Burgunderkg. (516–523/524) 86

Sobieski, Jan, poln. Kg. (1697–1733) 12
Stein, Ern(e)st, Althistoriker 98
Stephan II., Papst (752–757) 114
Stilicho, MVM West (†408) 54, 56 f.
Suinthila, Westgotenkg. (621–631) 115
Syagrius, gall. „Römerkg." 464–486/493?) 69
Symmachus, Schwiegerv. d. Boethius (†525) 89–91

Tacitus, röm. Historiograph 14 f., 21 f., 25
Tarik, arab. Heerführer (711) 117
Teja, Ostgotenkg. (552) 98–100
Terwing s. Týrfingr 41
Thela, S. Odoakers (†493) 84
Theodahad, Ostgotenkg. (534–536) 84 f., 91–95
Theoderich d. Gr., Ostgotenkg. (471–526) 11, 14, 26, 29, 31, 35, 55, 59 f., 65, 69–71, 73–92, 94, 101–103, 105
Theoderich (II.), Westgotenkg. (453–466) 64, 66, 73
Theoderich Strabo, Gotenkg., MM (473/479) (†481) 76 f.
Theoderid (Theoderich I.), Westgotenkg. (418–451) 63–66, 70, 72, 101
Theodora, Gem. Justinians I. (†548) 98 f.
Theodosius I., Ostks. (379–395) 47–49, 52–55
Theodosius, S. v. Athaulf und Galla Placidia (†415) 63
Theophilos, Bi. d. Gothia (325) 44
Theseus, griech. Heros 16
Theudebert I., Frankenkg. (533–547) 97
Theudegisel, Westgotenkg. (548/549) 103 f.

Theudis, Westgotenkg. (531–548) 102 f.
Thiudimir, Ostgotenkg. (468/469–474) 73–77, 84
Thiudimund, jüngerer Br. Theoderichs d. Gr. (gen. 479) 74
Thorismund, Westgotenkg. (451–453) 63–65
Thrasamund, Vandalenkg. (496–523) 86
Titus, Ks. (79–81) 31, 58
Tius, got. Kriegsgott 41
Totila, Ostgotenkg. (541–552) 83, 98 f., 103
Trajan, Ks. (98–117) 78
Týrfingr-Terwing, got. Schwertgott, myth. Gotenland 41

Unimund, arian. Bi. v. Ravenna 82

Valamir, Ostgotenkg. (vor 451–468/469) 60, 73–75
Valens, Ostks. (364–378) 46, 48–50, 52.

Valentinian I., Westks. (364–375) 78
Valentinian III., Westks. (425–455) 63
Valia, Westgotenkg. (415–418) 63 f.
Vespasian, Ks. (69–79) 31
Vidimir d. Ä., Ostgotenkg. (468/469–473/474) 73–75, 77, 84
Vitigis, Ostgotenkg. (536–540) 94–97
Vitiza, Westgotenkg. (vor 710) 117
Vitiza, Benedikt v. Aniane († 821) 118

Wamba, Westgotenkg. (672–680) 110, 112–114, 117
Wodan, germ. Hochgott s. auch Odin 41
Wulfila, Gotenbi. († ca. 383) 10, 21, 33, 42–47, 49, 71, 82

Zenon, Ostks. (474–491) 77 f.

Geschichte bei C. H. Beck
(eine Auswahl)

Alexander Demandt
Kleine Weltgeschichte
2. Auflage. 2004.
368 Seiten mit 113 Abbildungen und 9 Karten. Gebunden

Hans-Joachim Gehrke
Kleine Geschichte der Antike
1999. 243 Seiten mit 130 Abbildungen,
davon 63 in Farbe und 6 Karten. Gebunden

Bernhard Maier
Die Religion der Kelten
Götter – Mythen – Weltbild
2001. 252 Seiten mit 10 Abbildungen und 3 Karten. Leinen

Bernhard Maier
Die Kelten
Ihre Geschichte von den Anfängen bis zur Gegenwart
2. Auflage 2003. 320 Seiten mit 13 Abbildungen und 6 Karten. Leinen

Bernd Schneidmüller/Stefan Weinfurter (Hrsg.)
Die deutschen Herrscher des Mittelalters
Historische Portraits von Heinrich I. bis Maximilian I.
2003. 624 Seiten mit 5 Abbildungen, 3 Karten und 7 Stammtafeln. Leinen

Herwig Wolfram
Die Goten
Von den Anfängen bis zur Mitte des sechsten Jahrhunderts.
Entwurf einer historischen Ethnographie
4. Auflage. 2001.
596 Seiten mit 9 Karten und 2 Stammtafeln im Anhang. Leinen

Verlag C. H. Beck München